中华当代学术著作辑要

财政本质与财政调控

（修订版）

贾康 著

商务印书馆
创于1897 The Commercial Press

图书在版编目(CIP)数据

财政本质与财政调控/贾康著.—修订本.—北京:商务印书馆,2022(2023.9重印)
(中华当代学术著作辑要)
ISBN 978-7-100-20754-6

Ⅰ.①财… Ⅱ.①贾… Ⅲ.①财政学—研究 ②财政管理—研究 Ⅳ.①F810

中国版本图书馆CIP数据核字(2022)第028145号

中华当代学术著作辑要

财政本质与财政调控

(修订版)

贾康 著

商 务 印 书 馆 出 版
(北京王府井大街36号 邮政编码100710)
商 务 印 书 馆 发 行
北京通州皇家印刷厂印刷
ISBN 978-7-100-20754-6

2022年4月第1版 开本 710×1000 1/16
2023年9月北京第2次印刷 印张 15¼

定价:98.00元

中华当代学术著作辑要

出 版 说 明

学术升降，代有沉浮。中华学术，继近现代大量吸纳西学、涤荡本土体系以来，至上世纪八十年代，因重开国门，迎来了学术发展的又一个高峰期。在中西文化的相互激荡之下，中华大地集中迸发出学术创新、思想创新、文化创新的强大力量，产生了一大批卓有影响的学术成果。这些出自新一代学人的著作，充分体现了当代学术精神，不仅与中国近现代学术成就先后辉映，也成为激荡未来社会发展的文化力量。

为展现改革开放以来中国学术所取得的标志性成就，我馆组织出版"中华当代学术著作辑要"，旨在系统整理当代学人的学术成果，展现当代中国学术的演进与突破，更立足于向世界展示中华学人立足本土、独立思考的思想结晶与学术智慧，使其不仅并立于世界学术之林，更成为滋养中国乃至人类文明的宝贵资源。

"中华当代学术著作辑要"主要收录改革开放以来中国大陆学者、兼及港澳台地区和海外华人学者的原创名著，涵盖文学、历史、哲学、政治、经济、法律、社会学和文艺理论等众多学科。丛书选目遵循优中选精的原则，所收须为立意高远、见解独到，在相关学科领域具有重要影响的专著或论文集；须经历时间的积淀，具有定评，且侧重于首次出版十年以上的著作；须在当时具有广泛的学术影响，并至今仍富于生命力。

自 1897 年始创起，本馆以"昌明教育、开启民智"为己任，近年又确立了"服务教育，引领学术，担当文化，激动潮流"的出版宗旨，继上世纪八十年代以来系统出版“汉译世界学术名著丛书”后，近期又有“中华现代学术名著丛书”等大型学术经典丛书陆续推出，“中华当代学术著作辑要”为又一重要接续，冀彼此间相互辉映，促成域外经典、中华现代与当代经典的聚首，全景式展示世界学术发展的整体脉络。尤其寄望于这套丛书的出版，不仅仅服务于当下学术，更成为引领未来学术的基础，并让经典激发思想，激荡社会，推动文明滚滚向前。

商务印书馆编辑部

2016 年 1 月

修订版自序

《财政本质与财政调控》一书，是上世纪90年代我于在职攻读博士学位过程中形成的博士学位论文的定稿本，于1998年公开出版。20余年光阴倏尔逝去，现承商务印书馆的美意，使我得以在耳顺之年过后，推出此书的修订版。

20余年在历史长河中只是一瞬，但毕竟这一时间长度，不论对于作者随后续的阅历增长和研究深化反思书中的内容与可能的思想贡献，还是观察、听取学术界同行、读者与舆论界对此书及相关研究成果的评价与反响，都具备一定程度的“时效”意义了。

坦率地说，我之所以欣然同意修订再版此书，是基于对其如下主要贡献的认同与信心：此书可说在中国学者群于几十年深耕探究“财政本质”命题的基础上，以兼收并蓄而“集大成”的努力，形成了财政基础理论层面“社会集中分配论”的基本框架，进而推进到财政本质所外化、决定、派生的财政职能、作用落于“调控”的初步条理化认识。在此次修订中，我的原则是只作个别的时态、语境“与时俱进”的必要技术性修改，并在学术思想发展业已拉长的视野中，作我认为十分必要且点到为止的少量增补。在财政学科建设中，窃以为我可能做出的“书前人所未及述，言后世之不可无”的贡献，前期的代表作就是这本《财政本质与财政调控》，而后期篇幅数倍于此书的代表作，则是我作为第一作者和总纂执笔人、与同事们共同写成的《财政学通论》上下册（中国出版集团东方出版中心2019年版）。对于财政本质问题有兴趣的读者，可以主要看篇幅较少的此书，读后如兴趣不减，则建议跟读篇幅较大的《财政学通论》。

在迎接中华人民共和国成立70周年之际，我曾应有关方面的约请，以尽量简洁的3000字篇幅，写成了“70年中国财政学科发展的回顾与展望”一文，得到网微平台“思想中国”栏目的重视与推介（后来英文版发表于 *SSRG International Journal of Economics and Management Studies*）。自认为该文尽可能恰当地评述了中国学者对于财政学科建设的贡献，现特作为代跋，置于本修订本之末，供读者参阅。

我认同、推崇的学术人生哲理，是理论密切联系实际，读万卷书、行万里路、作万番思，生命不息、求索不止，以绵薄之力服务于人类社会文明进步。愿以此作为修订再版此书时的自我心迹表白。

谨此向商务印书馆各位领导、责任编辑和相关工作人员致谢！并向学术理论界同行和广大读者致意，希望得到各方面的批评指正。

作者

2020年10月

首 版 序

贾康的这部专著《财政本质与财政调控》,脱胎于他的博士论文。

1995 年,作者在工作繁忙的情况下,下决心在职攻读博士学位。当时他已在年初晋升为正研究员,却要自找压力,按他的话说:“逼着自己再系统地阅读和写一点东西。”以我的了解,知他在基础理论功底、对现实问题的把握和勤奋严谨的治学态度等诸方面,都是出色的,自然全力支持他,并在他考入研究生部后,成为他的博士生导师。

三年过去,他的博士论文已获学术委员会通过,并在进一步修改后,作为本书呈现在读者面前,分量如何,优缺点怎样,读者会自己判断。但我在这里,仍想不避偏爱之嫌,强调一下此书的两个特点:深度和新意。

其深度,在于以马克思主义基本原理为指南,兼收并蓄中外思想先驱和前辈学者在财政基础理论方面的积极研究成果,透过复杂纷纭的历史材料和现实情况,把财政基础理论的分析,在生产关系的深层次上进一步展开,并对作为我国财政理论主流学派的“国家分配论”,做出承前启后的系统化梳理。深刻,本是马克思主义经济学的传统和鲜明特点——揭示经济生活中物与物关系背后人与人关系的真谛,阐发关于事物根本规律的认识,这使马克思主义在众多思想流派中特立不群,赋予了这一理论体系批判的、革命的活力和极大的彻底性。毋庸讳言,马克思主义经济学在后来的发展中确实出现过教条的、“没有出息”的态度,曾有人将深刻的规律性研讨,变成了脱开现实生活与人类文明最新进展的苍白空论。但这决不是追求深刻本身的错误。西方财政理论在不少专门领域和技术性问题上,的确取得了值得重视和借鉴的研究成果,但在“深刻”这一方面,与马克思主义财经理论相比,却全然无法望其项背。作者毫不含糊地把自己归为马克思主义理论阵营的一员,他的这部著作,是以非教条的态度追求深刻。非教条的态度是理论研究的“实事求是”态度,也是唯一正确的态度。有了这种态度,才能在对深刻的追求中脚踏实地,融会百家,紧扣现实,阐发新意。

这就要说到其新意。此书首先是体系新:它对于财政学说体系的发展和开掘,尝试了一个新的角度和路径,即沿着“从抽象到具体”的特定逻辑,从关于中外财政思想的历史回顾,对财政本质这种基础理论的探讨,展开到关于财政职能、作用的剖析,再进而讨论财政调控的一系列重大现实问题。其次是观点新:在基础理论上将“国家分配论”归结出四项基本要素,并从“国家分配论”走到“社会集中分配论”;将财政范畴区分广义与狭义;对财政职能划分共性与个性;把财政平衡原理阐发为“量出制入”和“量入为出”两个层次;结合社会主义初级阶段和我国国情提出我国财政被赋予的四方面特定使命和七方面的作用,以及对于我国财政收支近十余年间连年失衡的现实,财政体制改革基本思路,财政、货币政策配合,国有资产管理,财政调控体系构建等重大问题的分析与政策建议,都依托对深刻性的追求、紧密结合实际而新意迭出。凡做学问者都知,任何自圆其说而又有新意的创见,均无法轻易取得。一向治学严谨、对学生高标准要求的何振一教授,在关于贾康博士论文的评议书上写道:“论文厚积薄发,颇富新意。”同样以严谨、严格著称的陈共教授则写道:“论文在多方面有个人的独到见解,在继承的基础上有所发展”,“增强了财政基础理论对实际工作的指导意义”。这些评价是十分中肯的。当然,人们肯定学术理论探讨中的新意,并不意味着那些单纯求“新”、只为标新立异而故作新奇之语的情况也值得肯定。“新”得有道理，能以其新而促进学科的发展，才是有意义的、值得肯定的——此书当属其列。

财政理论的研讨与时代息息相通。我国的改革开放、现代化事业，正处在前所未有的大转变过程中，国家财政和财政学科的发展，正面临极大的挑战，也面临应认真把握的机遇。理论研究必须为这种伟大转变中的财政实践，提供理性思维。这本书，可看作我国理论界众多努力中的一个组成部分。可以说，此书反映了作者较长时期的积累和来之不易的研究成果，但借用毛泽东同志的一个比喻，“只是万里长征走完了第一步。”应当指出，此书虽然力求深刻和富有新意，但距离“较系统地构建社会主义初级阶段有中国特色社会主义的财政学”这一境界，还有明显的距离。要达到这个境界，需我们在社会主义成长、成熟的历史进程中去共同努力。希望贾康和其他中青年学者，在研讨之路上锲而不舍，继续孜孜以求，不断进取。

是为序。

何盛明

1998年3月

目　　录

下篇 财政职能作用与调控

引言:理论的使命与研讨者的责任

国家财政,作为一种运行于经济与社会生活中的特定分配,其现象形态在人类历史的长河里,至少已经产生并存在了数千年之久,而财政学——以财政为研究对象的学科,其形成的时间则一般认为不过二百年左右(19 世纪,财政学开始相对脱离经济学成为一门独立学科),这并不奇怪。人类的经济生活已历若干万年,有文字记载的历史也已有几千载,而经济学的“开山鼻祖”们形成较系统的古典学派理论,也不过是三百年前的事情。

但人类社会的变化,正明显地呈现出“加速度”。

我们今天面对的这个世界,发展和变革的潮流涌动、奔腾于全球,科学技术日新月异;各学科的信息量呈“爆炸式”增长,卷帙浩繁的学术著作、论文在每一时刻源源不断地问世,财政学作为社会科学中经济学科的一个重要分支,当然也不例外。不说世界上每年数以万计的有关论文,仅近些年中国国内冠以“财政学”名称的新书,已有几十种之多。

学术文献是理论思考与研讨的结晶。总体来看,当研讨者从事其理论工作时,必有一个基础性的、古老而常听到的问题:这种研究是为了什么?

具体的答案可能各不相同。但我想,归根到底,人类之所以不会满足于现象的记录和描述,之所以必然要深入到理论层面作种种探究,是为了更深刻、更全面地认识现实事物,揭示其运行机制和发展规律,进而为指导实践的现实目的服务。有无理论,完全是两种境界。人类一旦有了理论,就有了走向成熟的里程碑;理论探索和发展中的每一个进步,同时也就是人类文明的进步。当然,这个过程是艰苦的、动态的,随事物和人类社会永远的发展变化而永无止境。

理论的使命在于揭示规律,规律是事物本质性的内在联系,本质是事物最基本的规定性和最重要的内涵,但认识它们又谈何容易?关于"财政"这一事物的本质,从其在历史变迁中的每一个片断现象上,都找不到可直接反映总体的具体答案,研究者总是试图通过大量历史与现实材料的综合、分析、比较、归纳,来尽可能准确、明晰地揭示它。诚如马克思所说:"如果事物的表现形式和事物的本质会直接合而为一,一切科学就都成为多余的了。"(《马克思恩格斯全集》第25卷,人民出版社1975年版,第923页)毛泽东也说过类似的话:"一切事物,它的现象同它的本质之间是有矛盾的。人们必须通过对现象的分析和研究,才能了解到事物的本质,因此需要有科学。"(转引自《简明社会科学词典》,上海辞书出版社1982年版,第196页)研究,便是"从现象到本质,从不甚深刻的本质到更深刻的本质的深化的无限过程"。(《列宁全集》第38卷,人民出版社1959年版,第239页)对财政本质的认识,是财政科学中的"基础理论",它构成财政学体系的基石——整个学科的宏伟大厦,必须在这一基石上构建起来,一系列现实意义强烈的重大问题,如社会主义市场经济中财政的职能作用,财政管理的方针政策,我国财政所应实施的宏观调控及体制转轨变革,财政的现代化与国家治理体系与治理能力现代化的关联,等等,也都需要站立在这一基础理论的内在逻辑之上来展开认识。

简言之,今天我们之所以有必要更深入地认识财政本质,正是为了更好地实施财政调控与管理,以服务于人民的福祉,社会的进步,国家的现代化。

既然理论承担着这样的使命,理论的研讨者,也就有责任锲而不舍地将这种研究深化和推进。这部基于我的博士论文的理论著作,可看作研究者尽责的一项努力。

上篇　财政本质论析

一、关于财政本质学说的历史回顾

查阅与财政学有关的历史文献，可知把关于财政的研究紧扣“财政本质”的探讨，主要是近百年来的事情。20世纪前，为人们所推崇或注重的为数不多的思想家和经济学理论代表人物们，关于财政本质的直接论述，几近付诸阙如，或一带而过。但是，从他们对经济、财政有关问题的论述中，我们还是可以追寻到一些重要的、有价值的思路和启示。20世纪，才出现了关于财政本质问题的专门讨论。

（一）马克思主义经典作家关于财政制度、税收、国债、预算等的有关论述

1. 马克思论财政制度与国家权力、统治阶级、政府机器的关系

马克思在其划时代的巨著《资本论》第1卷中关于“资本的积累过程”的第七篇，考察产生工业资本家的原始积累时，曾对财政制度作了一些论述。他鲜明地指出了资本主义生产方式取代封建生产方式过程中客观产生的一系列以国家政权为依托的制度，与国家权力及其强制性之间有不可分割的关系：“原始积累的不同因素，多少是按时间顺序特别分配在西班牙、葡萄牙、荷兰、法国和英国。在英国，这些因素在十七世纪末系统地综合为殖民制度、国债制度、现代税收制度和保护关税

制度。这些方法一部分是以最残酷的暴力为基础,例如殖民制度就是这样。但所有这些方法都利用国家权力,也就是利用集中的有组织的社会暴力,来大力促进从封建生产方式向资本主义生产方式的转变过程,缩短过渡时间。暴力是每一个孕育着新社会的旧社会的助产婆。暴力本身就是一种经济力。”在其后的展开论述中,他具体指出:“国债成了原始积累的最强有力的手段之一。……由于国债是依靠国家收入来支付年利息等等开支,所以现代税收制度就成为国债制度的必要补充。借债使政府可以抵补额外的开支,而纳税人又不会立即感到负担,但借债最终还是要求提高税收。另一方面,由于债务的不断增加而引起的增税,又使政府在遇到新的额外开支时,总是要借新债。因此,以对最必要的生活资料的课税(因而也是以它们的昂贵)为轴心的现代财政制度,本身就包含着税收自行增加的萌芽。过重的课税并不是一件偶然的事情,倒不如说是一个原则。……现代财政制度的剥夺作用,被这一制度的一个组成部分即保护关税制度加强了。……保护关税制度是制造工厂主、剥夺独立劳动者、使国民的生产资料和生活资料变成资本、强行缩短从旧生产方式向现代生产方式的过渡的一种人为手段”。(《马克思恩格斯全集》第23卷,人民出版社1972年版,第819—825页)

在《资本论》第3卷第五篇分析生息资本时,马克思又一次基于其历史唯物主义的国家学说指出:“国债资本的积累,不过是表明国家债权人阶级的增加,这个阶级有权把税收中的一定数额预先划归自己所有”,同时在脚注中引用了西斯蒙第《政治经济学新原理》中的相关论述(西斯蒙第根据国债用来满足政权消费性开支的事实,指出国债资本“不过是一种想象的资本,……因为这笔资本早已不再存在。但新的财富必然会由产业劳动产生;而在这个财富中每年都有一部分预先指定给那些曾经贷出这个被消耗掉的财富的人;这个部分是用课税的方法从生产这些财富的人那里取走,然后付给国家债权人的”。)(《马

克思恩格斯全集》第25卷,人民出版社1974年版,第539—540页)

在著名的《哥达纲领批判》中,马克思毫不含糊地指出:"赋税是政府机器的经济基础,而不是其他任何东西。"(《马克思恩格斯选集》第3卷,人民出版社1972年版,第22页)

2. 马克思的扣除理论

马克思在《哥达纲领批判》中批判拉萨尔的所谓"不折不扣的劳动所得"时,阐述了其扣除理论,即在将社会总产品对社会成员分配时,"从它里面应该扣除:第一,用来补偿消费掉的生产资料的部分。第二,用来扩大生产的追加部分。第三,用来应付不幸事故、自然灾害等的后备基金或保险基金。……剩下的总产品中的其他部分是用来作为消费资料的。在把这部分进行个人分配之前,还得从里面扣除:第一,和生产没有直接关系的一般管理费用。和现代社会比起来,这一部分将会立即显著地缩减,并将随着新社会的发展而日益减少。第二,用来满足共同需要的部分,如学校、保健设施等。和现代社会比起来,这一部分将会立即显著增加,并将随着新社会的发展而日益增加。第三,为丧失劳动能力的人等等设立的基金,总之,就是现在属于所谓官办济贫事业的部分"。(《马克思恩格斯选集》第3卷,人民出版社1972年版,第9—10页)

3. 马克思、恩格斯论政府的一般社会职能与特殊职能(公共事务与阶级统治)

马克思在《资本论》第3卷中批判所谓资本家收入是"监督劳动的工资"这种辩辞时,指出监督劳动和指挥劳动"具有二重性"。他举例说:"这完全同在专制国家中一样,在那里,政府的监督劳动和全面干涉包括两个方面:既包括执行由一切社会的性质产生的各种公共事务,又包括由政府同人民大众相对立而产生的各种特殊职能。”他同时又就第二个方面指出：“这种对立越严重，这种监督劳动所起的作用也就越大。因此，它在奴隶制度下所起的作用达到了最大限度。”（《马克思恩格斯全集》第 25 卷，人民出版社 1974 年版，第 431—432 页）

同在《资本论》第 3 卷中，马克思在批判收入分配的“三位一体公式”后，谈到所谓按生产要素分配是“自然的关系”时，指出：“这种见解中唯一正确的一点是：在任何社会生产（……）中，总是能够区分出劳动的两个部分，一个部分的产品直接由生产者及其家属用于个人的消费，另一个部分即始终是剩余劳动的那个部分的产品，总是用来满足一般的社会需要，而不问这种剩余产品怎样分配，也不问谁执行这种社会需要的代表的职能；在这里我们撇开用于生产消费的部分不说。这样，不同分配方式的同一性就归结到一点：如果我们把它们的区别性和特殊形式抽掉，只注意它们的同区别性相对立的一致性，它们就是同一的。”（同上书，第 992—993 页）

恩格斯在《反杜林论》中论及国家权力的萌芽与发展时，指出：“政治统治到处都是以执行某种社会职能为基础，而且政治统治只有在它执行了它的这种社会职能时才能持续下去。不管在波斯和印度兴起或衰落的专制政府有多少，它们中间每一个都十分清楚地知道自己首先是河谷灌溉的总的经营者，在那里，如果没有灌溉，农业是不可能进行的。”（《马克思恩格斯全集》第 20 卷，人民出版社 1971 年版，第 195 页）

以上所引述的三个方面马克思和恩格斯的重要论述，显然需要进一步放在他们的整个思想体系中来把握，需要紧密联系马克思关于生产力与生产关系、经济基础与上层建筑、生产与分配、阶级与国家的基本原理来认识。看得出，依马克思的审视，国家财政与国家政权的职能及其集中代表的阶级利益有不解之缘，财政即是以政控财，以财行政，毫不含糊地为统治阶级的利益服务（同时也在“扣除”中兼顾“共同需要”的一定程度的满足)。在阶级社会里社会总产品的必要扣除中,前三项生产领域的扣除,可以在由企业为主体的情况下完成,而后三项社会层面的扣除,则需由政府(“官方”)为主体来完成,实即通过财政手段处理。如果放到一定的抽象层次上看,则任何政府的职能总是可以划分为一般社会职能与特殊统治职能两个方面,但回到具体、特定的历史条件下,马克思、恩格斯一般更重视和强调后者。

4. 列宁论以阶级利益分析观点看待税收

列宁在1902年1月于《火星报》上发表了严厉批评当时俄国财政预算的《评国家预算》一文,在论述中指出资本主义国家财政政策代表着占统治地位的剥削阶级的利益,间接税成为向无产者及小所有者群众进行合法掠夺的手段。他说:“征收日用品的间接税是极不公平的。它把全部重担转嫁到穷人身上,给富人造成特权。人愈是穷,他愈是要把自己更大一部分收入以间接税形式缴纳给国家。少产和无产的群众占全国人口9/10,他们消费9/10的纳税产品,缴纳9/10的间接税。但在全部国民收入中,他们所获得的不过2/10—3/10。”(《列宁全集》第5卷,人民出版社1959年版,第303页)

1903年在《给农村贫民》中,列宁又阐述了类似的观点:“间接税是最不公道的税。间接税就是向穷人抽的税。农民和工人合起来占全国人口的9/10,他们缴全部间接税的9/10或8/10。而在全部收入中农民和工人得到的大概最多也到不了4/10! ……最有钱的富人应该缴最多的税。这种所得税,或更正确些说,累进所得税,要比间接税公道得多,正因为这样,社会民主党人要求取消间接税,实行累进所得税。但是很清楚,一切有钱人,整个资产阶级当然不愿意这样做,当然要反对的。只有贫农和城市工人的坚固联盟,才能从资产阶级手里夺到这种改善。”(《列宁全集》第6卷,人民出版社1959年版,第364页)

列宁的这些分析论述，基于马克思主义的唯物史观、国家学说和阶级分析方法以及无产阶级革命家的立场，透过表面"一律平等"的间接税现象，看到的是资产阶级借助政权统治机器和财政手段以合法方式进行的剥削和形成的特权。虽然近一个世纪以来，资本主义国家的税收制度经过种种修补改进，已复杂得多，但列宁的上述分析仍能给我们以重要启示。

5. 毛泽东论财政预算与国家政策、政府活动的联系

毛泽东在指导革命、建设的实践中，做出过不少有关财政的论述。其中一个特别值得注意的要点，是他曾言简意赅地指明了财政预算与国家政策和政府活动的紧密联系。1949 年 12 月 2 日，毛泽东在中央人民政府委员会第四次会议上的讲话中说："国家的预算是一个重大的问题，里面反映着整个国家的政策，因为它规定政府活动的范围和方向。"（1949 年 12 月 4 日《人民日报》）

6. 毛泽东论财政与经济的关系

毛泽东财政论述中另一个极为重大的要点，是阐明财政与经济的关系。1942 年 12 月，他在《抗日时期的经济问题和财政问题》这一著名文章中强调："有许多同志，片面地看重了财政，不懂得整个经济的重要性；他们的脑子终日只在单纯的财政收支问题上打圈子，打来打去，还是不能解决问题。……财政政策的好坏固然足以影响经济，但是决定财政的却是经济。未有经济无基础而可以解决财政困难的，未有经济不发展而可以使财政充裕的。……如果不发展人民经济和公营经济，我们就只有束手待毙。财政困难，只有从切切实实的有效的经济发展上才能解决。忘记发展经济，忘记开辟财源，而企图从收缩必不可少的财政开支去解决财政困难的保守观点，是不能解决任何问题的。"

(《毛泽东选集》第3卷,人民出版社1966年版,第846—847页)

从毛泽东上述两方面的重要论述中我们可以看到,第一,毛泽东同马克思、列宁一样,毫不含糊地把财政问题与国家、政府的活动紧密联系在一起,可以说,这种判断来自中、外国家活动最基本的现实;第二,毛泽东非常明确地强调了决定财政的因素在于经济,财政状况的改善归根结蒂要依靠经济的发展,同时也明确承认了财政政策对经济又具有"足以影响"的反作用。这一重要观点,是在实践中运用马克思主义历史唯物主义和辩证唯物主义原理阐释财政、经济关系的一个范例。

(二) 古典学派关于财政的若干观点

古典政治经济学的奠基者威廉·配第(William Petty)1662年出版了《赋税论》,其第一章按国家职能从六大方面(军事、行政、宗教、教育、救济、公共工程与公共福利)讨论国家经费问题,故后人将其经费论称为"国家职能论"。(坂入长太郎:《欧美财政思想史》,中国财政经济出版社1987年版,第49页)

古典学派最重要的代表人物亚当·斯密(Adam Smith)在其主要著作《国民财富的性质和原因的研究》(又名《国富论》)的第五篇论述了财政问题。他在自由放任主义的经济学理论框架下,推崇"看不见的手"的作用,认为财政方面应按"夜警国家""廉价政府"的要求制定最低限度的预算规模,"但同时他又把扩大公共部门的资财、服务同发展经济相提并论"(同上书,第135页)实际上是在把国家开销划归非生产性一方的同时,对于政府职能和财政作用又作了与生产有某种积极联系的评价。其经费论则主要从国防、司法、公共工程与公共机关、王室四大方面展开。美国著名财政学家理查德·马斯格雷夫(Richard Musgrave)指出,斯密在推崇自然性自由配置的同时,又认为某些需由国家提供而市场不能有效提供的职能（国防、司法、公共设施等）“确实非常重要”，这一思想的内涵（即“市场失效”）及其在经济学说史中连续性的表现，“远远超出了最小限度或守夜人国家的职能范围”。（江旭东：《财政理论中的国家职能》，《财政研究》1995 年第 11 期）

约翰·斯图亚特·穆勒（John Stuart Mill）被认为是英国古典学派经济理论体系的完成者，他在其《政治经济学原理》第三篇中，专门论述政府职能问题，并将政府职能划分为“必要的职能（necessary functions）”与“选择的职能（optional functions）”。所谓必要的职能是“根本不能与政府观念分开，且为一切政府行使的习惯上从未有人提出异议的职能”，“所谓选择的职能，均不包含无关系或随意选择的意思；那不过表示，应否行使这种职能，尚未能决定，尚容有种种意见存在。”（《政治经济学原理及其若干对社会哲学的应用》，世界书局 1936 年版，第 736 页）虽然穆勒没有规定上述两种职能的明确界限，但却有深化认识的贡献——他的区分实际上可引导出不同国度、不同历史时期、不同社会制度下政府的普遍（共性）职能与特殊（个性）职能这一对重要命题。

附带应提到古典学派之后庸俗经济学代表人物之一让-巴蒂斯特·萨伊（Jean-Baptiste Say）对“国家职能观点”的解释。他对古典学派的国家职能论有所借鉴，但在概念上却将国家职能的必要性归结、表述为“社会整体的需要”。他说：“除那些从私人消费得到满足的个人需要与家庭需要外，还有由于个人集合组成社会这种情况而产生的新的种类的需要，就是说，社会作为整体的需要。满足这种需要是公共消费的目的。社会购买并消费管理它的事务的各部部长的个人劳务，保护它不受外国侵略的军人的个人劳务，以及保护它的各个成员的权益不受侵害的民刑推事的个人劳务。”（《政治经济学概论》，商务印书馆 1982 年版，第 464 页）这些公共消费在“国家总消费中占那么大的部分，有时达到社会总消费的十分之一，五分之一甚或四分之一，以致政府所施

行的制度,必定对国家繁荣的增进或衰退有很大的影响"。(《政治经济学概论》,商务印书馆 1982 年版,第 470 页)

在这里,我们可以看到财政学说史上的一个有趣现象,即思想理论的螺旋式发展及其中的继承关系:一二百年前的欧洲,有国家职能论与社会整体需要论这一主一辅两大思想线索;在 20 世纪的中国,有国家分配论与共同需要论这一主一辅两大流派——在更高层次上的"似曾相识燕归来",决非是历史现象的偶然相仿。思想先驱们提出的认识线索,只要是发源于事物的基本联系,必将在其后启示后人,或由后人以新的面目重新阐发。

(三) 19 世纪的德国财政理论:社会政策学派

财政学理论在 19 世纪的德国获得了长足的进展。当时德国的经济状况与英国自由主义的经济状况有所不同,形成了旨在克服德国资本主义后进性、确立国家主义的保护主义的政治经济学体系,而这又成为德国财政学取得丰硕成果的理论基础。(坂入长太郎:《欧美财政思想史》,中国财政经济出版社 1987 年版,第 280 页)

卡尔·海因里希·劳(Karl Heinrich Rau)1832 年出版了《财政学》,把古典学派及萨伊的自由主义财政理论,与认为财政学从属于经济和行政的官房学派融合在一起,将经济学区分为国民经济学、经济政策学和财政学,进而试图把财政学从官房学分离出来以后,作为独立学科建立理论体系。(同上书,第 281 页)

稍后的卡尔·迪策尔(Karl Dietzal)提出"国家财政与国民经济的关系是在相互作用中促使国民经济发展下去",并"第一个从国民经济的立场出发,从宏观上来研究公债,主张公债具有生产性,能起到推进国家的经济化的作用"。(同上书,第 283、286 页)

19 世纪后半叶，出现了德国财政学黄金时代的“三大巨星”。首先是冯·史坦因（von Stein）。他提出应在整个国民经济和财政经济的有机联系中弄清财政问题的对象，财政学可称为国家财政学或国家经济学，研究作为社会共同体的国家为完成其目的如何从行政方面提供经济手段（坂入长太郎：《欧美财政思想史》，中国财政经济出版社 1987 年版，第 291 页）。他在国家财政职能的论述中提出国家经费开支的生产性和赋税再生产学说，认为“国家为共同欲望负起征课税收管理税收的责任，赋税额应和国家执行的经济价值，即国家向人民所提供的物质资料与服务相等。……这种物质生活规律是绝对的，是任何权力所不能改变的”。如果财政行政（运行、政策）符合国家经济健全与进步的要求，“那么经费支出就会成为每个人资本形成的源泉，……国家所有的人们应提供赋税，国家则应对所有的人们提供物质资料与服务，而使其本身具有有机的循环，这是国家生活在经济上的最终原理。这种循环强有力而健全时，国家经济力就大。”（同上书，第 292—293 页）

另一位有影响的财政学家埃尔伯特·谢夫勒（Albert Schaffle）以“生物学角度”的有机体论来阐述“共同经济靠以交换与竞争为基础的私有经济的市场经济来补充，两者密切融合，建立起完整的人类社会经济”。他认为“财政学的最高原则即国家需要必须与非国家需要保持均衡充足”，并采取了效益理论观点（同上书，第 294—295 页）。马斯格雷夫对此评价说，谢夫勒提出“财政学的最高原则是国家和私人需求之间要保持适当比例。后来，该原则由庇古发展成为公共与私人边际净收益均等原理。当国家的收益大于其成本时，国家可以确保在私人企业可能无钱可赚的地方也有收益。因此，国家就必须提供那些不能通过社会成员个人们‘一点点’地贡献的服务”。（《财政研究》1995 年第 11 期，第 19—20 页）

“三人中最有影响的一位”是阿道夫·海因里希·戈特黑尔夫·

瓦格纳(Adolph Heinrich Gotthelf Wagner),他在吸收、调整与总结、发展前人理论成果的过程中,较系统地提出了社会政策的财政理论,使财政学作为独立的社会科学而完成其理论体系。瓦格纳认为,利用权力的强制共同体形成国家,国家为完成其职能而获得和使用必需的财货所进行的经济活动,即财政。私人经济组织、慈善经济组织与共同经济组织互相补充地构成国民经济有机整体,"以权力体为中心的共同经济就是财政","财政经济或公共经济亦即国家经济为获得和使用完成其国家职能所必需的财货或资金而从事的活动","这种财政需要大部分由货币需要构成,表现为账簿上的国家支出。"(坂入长太郎:《欧美财政思想史》,中国财政经济出版社 1987 年版,第 299—300 页)

瓦格纳把财政学定义为:"从财政经济的经济性质着眼,以国家以至公共团体的强制共同经济的形式,为完成国家职能筹集和使用必要的财货,特别是货币而从事的经营活动的科学",而"财政经济",是指把行政上代表国家的机关即政府作为经济主体的特定经济(同上书,第 301 页)。他进而指出:国家的目的不仅限于自由资本主义时代的法治及权力方面,还应加上文化与福利,国家目的高踞于私人经济目的之上,"社会政策"的国家目的比"市民时代"的国家目的有明显的扩大。为确保有充足财源完成这些目的,他主张扩大国有财产,实行铁路、保险、银行的国有化,施行新的特许权及烟草专卖,坚决贯彻煤气、水道、交通设施公有化,另一方面必须按照社会的赋税政策积极地改变人民所得的分配(同上书,第 301 页)。瓦格纳强调赋税不能理解为单纯地从国民经济年产物中的扣除部分,赋税还包括纠正分配不公平的积极目的,即一方面获得国库收入,另一方面凭借权力实施对所得和财产的分配进行干预和调整的社会政策(同上书,第 305 页)。在鲜明地主张国家权力通过赋税政策等积极介入和干预社会生活与国民经济的同时,瓦格纳还提出了政府活动渐增规律(国家经费增长规律),即著名的“瓦格纳定理”。马斯格雷夫把瓦格纳的渐增规律和社会政策原理称为其在国家理论之外的“另外两个贡献”(《财政研究》1995 年第 11 期,第 20 页)。

今天看来,以瓦格纳等为代表人物的德国正统派理论,在人类的财政学说发展史上无疑占有重要地位。无论在学说的体系性方面、对财政的正面定义方面、关于政府职能和政府活动规律的实证考察方面,还是在财政之社会政策功能的展开方面,瓦格纳等都达到了前所未有的高度和水准。由于他们以德文著述的缘故,关于这一重要学派的成果的介绍和传播,在英语世界和其他国度或多或少受到一些影响,但今天我们仍然能够从他们那里强烈感受到那种理论发展“黄金时代”的魅力;今天我们所讨论的财政问题,有不少地方可以从这一学派中得到有价值的借鉴。至于这一学派的主要弱点或缺陷,马斯格雷夫有一个精辟的说明:“然而,德国财政学在下面一点出了偏差,即在承认私人需求和公共需求的差别的同时,却迭盖和淹没了私人产品与公共产品之间的差别。”(坂入长太郎:《欧美财政思想史》,中国财政经济出版社 1987 年版,第 20 页)

(四) 20 世纪早期的财政社会学理论

20 世纪初和第一次世界大战前后,与德国财政学“国家经济”思路不同的强调“公共经济”性质的学说,有所发展。

克努特 · 维克塞尔(Knut Wicksell)从个人“利益”的角度阐释赋税,认为“赋税是对国家给付的相反给付”(坂入长太郎:《欧美财政思想史》,中国财政经济出版社 1987 年版,第 338 页)。埃里克 · 罗伯特 · 林达尔(Erik Robetr Lindahl)扩展了这一思路,把利益法则解释为某种均衡条件,以代替古典主义的公平标准,即“‘财政平衡’由每一个纳税人所支付的公共财货和私人财货的价格与他从这两类财货中得到的边际利益之比皆相等这一条件决定,而议会民主制中的政治机制则是实现这种财政平衡的手段”(约翰·伊特韦尔:《新帕尔格雷夫经济学大辞典》第3卷,经济科学出版社1996年版,第211页)。马斯格雷夫评价说,这“为预算决定的公共选择学说奠定了基础”(《财政研究》1995年第11期,第16页)。

在近现代经济学发展中颇有影响的约瑟夫·阿洛伊斯·熊彼特(Joesph Alois Schumpeter)认为,根据财政史,社会关系的变化是财政的起因,“财政是探讨社会的结构,特别是——虽然说并不唯一是——探索政治结构的最佳着眼点”。(坂入长太郎:《欧美财政思想史》,中国财政经济出版社1987年版,第349页)熊彼特以个人的经济行为作为出发点来建立关于政治过程的结构和运转,以及关于各集团行为的理论,成为所谓经济民主理论的先驱。按他的观点,“民主方法是用以做出政治决策的一种体制性安排,其中,个人能够通过竞选斗争,争取人民选票以获得决策权”,即“民主是公共部门的一种横向协调,可与私人经济部门的市场机制的作用相比拟。政治过程被看成市场过程,选民是需求者,政治家和官僚是供应者”(《新帕尔格雷夫经济学大辞典》第4卷,经济科学出版社1996年版,第286页)。

鲁道夫·葛德雪(Rudolf Goldscheid)和赫斯特·耶希特(Horst Jecht)等人与熊彼特相仿,强调财政与政治的关系和“公共家计”的社会意义。但他们还特别强调了认识财政必须通晓历史,运用社会学的经验研究分析方法。葛德雪在其“社会学立场”的分析中,指出现代的赋税国家“意味着国家从属于私人资本——金融寡头资本”,认为应将国家从对私人资本的隶属中解放出来,“主张国家对资本征课实物(包括股票)财产税,私人资本的股票由国家保有,即可由赋税国家到公产国家——恢复‘国家资本主义’”。(坂入长太郎:《欧美财政思想史》,

中国财政经济出版社 1987 年版，第 348 页）耶希特说："我们的任务是确定财政学的基础，揭示经验研究的前提。这个任务至少要从本质上探索财政经济的普遍形态，即不是历史的、个别的形态，而是所有历史的形成物的可能形态。"（坂入长太郎：《欧美财政思想史》，中国财政经济出版社 1987 年版，第 350 页）此二人都明确提出了研究财政本质的目标，并在自己著作的题目上标明。

"财政社会学"往往被称作与德国的国家经济的财政学思想相对立的理论发展，其特点是强调从经济个人主义角度认识财政，进而把公共需要和社会性囊括在一个将所有个人的活动和社会全部事物（包括全部的国家机器、政治过程以及被马克思主义者及其他一些思想家称为阶级矛盾和阶级斗争的现象）统统包容无遗的"市场均衡"之中（从而也否定了亚当·斯密以后的"市场失效"）。林达尔和熊彼特在这方面的核心范畴与思路，几可称为"泛市场论"的代表。这一思路在其理论分析中取得了一系列颇引人注目的技术性成果，如关于公共财（public goods，另译公共产品、公共财货。这一概念其实通常不仅包括实物形态的公共物品，也包括非实物形态的公共服务）的分析（包括计量经济学模型）。另外，"财政社会学"派注重历史经验研究的方法论值得称道，在社会政策方面也提出了不少颇有新意，甚至被当政者视为"激进"得接近社会主义的主张。在现今的财经理论界（包括近几十年的中国理论界），这一流派所开创的思路具有不小的影响。总之，这一流派的确推动了财政学理论的丰富和发展。但是，"寸有所长，尺有所短"，这一流派最成功的领域是技术性分析层面，然而也有一个最薄弱的环节——即"泛市场论"的核心范畴或思路，是不是与人类的财政史和社会基本现实契合，能否于理论上贯彻到底，是否可能进而将这种核心范畴科学地抽象到事物本质的层次？

（五）近代英国的财政理论

19世纪末叶及之后，英国有一系列经济学家在财政理论研究方面有所建树。

查尔斯·弗朗西斯·巴斯特布尔（Charles Francis Bastable）于1892年出版的《财政学》，被称为英国第一本系统的财政学著作。巴斯特布尔认为，国家为完成其职能就要提供财货、服务——公共财。获取并使用公共财的方法因社会进步程度而不同，不发达时比较单纯和直接，在近代工业社会则要依据复杂严密的法律来执行。国家财源的供应与使用即为财政。他把财政的本质视为"国家为满足公众欲望而运行的收支经济"，并强调了财政的"强制性"等特点（坂入长太郎：《欧美财政思想史》，中国财政经济出版社1987年版，第362页）。

休·道尔顿（Hugh Dalton）在于1922年出版的《财政学原理》一书中，认为"财政学系介于经济学与政治学之间的一种科学"（同上书，第373页），并以财政与经济的关系为重点，讨论了财政理论。道尔顿不同意古典学派把公共支出视为非生产的支出，认为评判原则应是"视其支出后有无经济福利的生产性"，主张"最大社会利益原则"，比如，教育费与卫生费的支出总比私人用于奢侈品的支出更具较大的生产性。从经济观点来看，在社会利益方面使一个社会的经济福利增加有两个重要条件，第一是生产的改进，第二是生产物分配的改进。分配方面的改进在于缓和个人之间所得分配的不公平，并减少贫困阶级收入的不稳定性。这样，道尔顿就承认和肯定了国家经费的积极意义和调节收入再分配的积极意义。他进而按社会利益最大化原则阐述了公共经费总额限界问题："经费增加之数所给予社会之利益，较之税民因此项增加支出而遭受之损失，足以相衡，则此项经费之增加，尚为限度之内所许,过此则非所宜有也。”(同上书,第 375 页)而且,他特别指出:大规模统制的公共土木事业,比民营事业具有远为巨大的效果。在分配上,公共土木工程事业不仅能持续维持最佳就业,使失业减少,并能在民间企业萧条时期给予民间失业者就业机会,具有减少社会分配状况不均的效果(同上书,第 377—378 页)。这一卓越思想见解,可称为后来凯恩斯主义和罗斯福新政所共同开辟的国家干预“反周期”思路和“优化再分配”思路的先声。

福利经济学的代表人物阿瑟·塞西尔·庇古(Arthar Cecil Pigou)在其 1920 年出版的《福利经济学》中曾专有一篇《国民分配与财政》,并将其以《财政学研究》为书名于 1928 年单独出版。他认为,财政的本质发端于国家必有的一定形式的统治组织,统治当局的职能与支出相伴,因此也必须筹划收入。近代,这种过程几乎都通过货币这一媒介物来进行。有时也出现过政府基于需要征收实物资源的情况,但是作为近代国家的一般规则,统治当局进行资源的筹措与消费,是以货币表现筹措与消费的。作为特例,实际上货币为财政的媒介物,而货币本身并不属于财政买卖的范畴。货币只不过体现支配劳务与货物的票证(同上书,第 383 页)。在这里,庇古实际上已经提出了以后才在苏联出现的“货币关系体系”论的基本框架。

这些经济学家积极运用国家职能的财政思想,在约翰·梅纳德·凯恩斯(John Maynard Keynes)那里得到了举世瞩目的阐发。他在 20 世纪 20—30 年代整个资本主义世界面对空前深重的经济危机束手无策之际,于经济理论中引发“凯恩斯革命”,超越古典学派依“看不见的手”而自然实现宏观均衡的思路,指出“有效需求不足”问题的矫正和危机的克服,必须依靠积极的国家干预,而国家干预的最主要手段之一就是财政政策,比如,以赤字公债政策和公共投资政策刺激需求、减少失业,以税收政策和利率政策增加消费倾向。凯恩斯认为,“为确保充分就业所必须的中央控制，已经把传统的政府功能扩充了许多”(《就业、利息和货币通论》，译自 Harvest/HBJ 英文版 1964 年，第 379 页)。他甚至说：“金字塔的建造，地震，甚至战争，都可以有助于增加财富，如果我们的政治家所受的古典经济学原则的教育阻止他们想出任何更好办法的话。”(同上书，第 128 页)“如果财政部以钞票装满旧瓶，埋入适当深度的废弃矿井，然后用城镇垃圾将其填平，并让私人企业按自由放任原则行事，把钞票再挖出来(当然，要获得开采权，必须向钞票管理当局申请签订租约)，这样那里便不会有更多失业，而且在相互作用影响下，社会的真实收入及资本财富，可能会大大多于现实。固然，如能做建筑房屋一类的事，将更加合理，但如果存在政治的和实践方面的困难而不能这样做，上述办法总比什么也不做要好。”(同上书，第 129 页)这种于“国家干预”框架下使财政作用超乎一般生活常识来扩展其边界，以形成就业机会和社会收入效应的看法，似乎为好几十年后才出现的“现代货币理论(MMT)”中关于国家财政的货币创造与“最终雇佣者”作用的认识，埋下了一些理论的伏笔。在 20 世纪的历史上，凯恩斯的理论思路和政策主张，影响巨大，在数十年间的资本主义经济发展实践中，成效比较显著；其国家职能论，具有对财政理论的重大影响作用。

综而言之，近代英国经济学家关于积极发挥国家职能、在以市场为基础性调节机制的资源配置上施加国家干预的财政思想，在特定的形式中发展了德国财政学类似的大思路。凯恩斯在宏观经济理论中举世瞩目的“革命”性作用，是以这个思路为有机组成部分并更为发扬的。凯恩斯本人虽未从正面论及财政的本质，但其启示作用不应忽视、不可低估。结合巴斯特布尔和庇古等关于财政的已比较醒目的正面论述，我们就可以清楚地看到一个“国家分配论”式理论框架的轮廓。

（六）当代美国的财政理论

当代美国经济学研究中流派纷呈，各领风骚，财政理论方面亦如此。

理查德·马斯格雷夫（Richard Musgrave）和佩吉·马斯格雷夫（Peggy Musgrave）合著的《美国财政理论与实践》于1973年初版，后又数次修订再版。他们以萨缪尔森等“主流学派”的“混合经济”思路阐释美国的经济现实，继承和兼收并蓄前人在“积极国家职能”方面的遗产，提纲挈领地把“传统的国家财政”的职能概括为三个方面：一是资源配置职能，即私人货物与社会货物（公共财）之间总资源利用的划分和社会货物构成的选择；二是分配职能，即调节收入与财富的分配，使之符合“公平”或“公正”状态；三是稳定职能，包括利用政策手段保持高就业率，稳定物价水平和实现适当的经济增长率，以及国际收支平稳（《美国财政理论与实践》，中国财政经济出版社1987年版，第15—16页）。该书基本上是围绕着这三大职能在美国经济中的实现而展开论述的。

詹姆斯·布坎南（James Buchanan）则继承了维克塞尔、林达尔、熊彼特等人的“私人利益分析模式”，并发展形成“公共选择”理论。他于1960年初版、以后屡次修订再版的《公共财政》一书中，提出“政府不是那种独立于其公民而行动的有机的或整体的事物，而是一种通过它私人公民集体地做出决策的工具”，人们“牺牲自己享用的货物和服务以获得公共提供的货物与服务”（《公共财政》，中国财政经济出版社1991年版，第7页）。他对这种交换的分析从“民主政治”入手，因为“民主政治意味着每一个公民参与政府的决策过程，进而，每一个公民具有平等的权力影响最终的集体结果”，［尽管他同时承认，无论过去还是将来，“理想形式的民主政治是极少的”。（同上书，第7—8页）］“人们把一个纯粹地建立在消费者主权基础之上的经济称之为‘一美元——一选票’的制度。这与那种按‘一人、一票’理想地作出决策的政治民主制度相对应。”(同上书,第 12 页)在抽象分析中,“正如个人在市场上选择购买一定数额的私人货物,以致该种商品的边际价值与价格等同一样,个人通过公共部门购买一定数量的公共货物,因为其边际价值和边际税收价格是等同的”。(同上书,第 33 页)他认为,政府“因纯粹的经济原因而产生”,然而“政府或政府组织最大的优点在于它有权强迫所有集团成员分担公共货物的费用”(同上书,第 18 页),只不过集体决策是在许多个人以不同身份做出的效用最大化行为中形成的,所以,政治决策、财政制度是从个人的理性计算中引申出集体协议,完全可以用成本与收益的语言进行讨论(《民主过程中的财政》,上海三联书店 1992 年版,第 4 页)。至于政府政治决策和理财过程中如何依私人利益-成本效益模式形成“均衡”的分析,布坎南等作了一系列技术性的努力。

由于公共产品理论与公共选择理论的发展,美、英财政学的随后动向之一是,由“Public Finance(公共财政学)”而引向“Public Economics(公共经济学)”或“Public Sector Economics(公共部门经济学)”的命名。如由英国安东尼·阿特金森(Authony Atkinson)和美国约瑟夫·施蒂格利茨(Joseph Stiglitz)合著初版于 1980 年的《公共经济学讲义》(*Lectures on Public Economics*),是代表性文献之一。书中体系虽然还很不成熟,但可看到以“公共经济”包容和涵盖“公共财政”的尝试。

如果说马斯格雷夫较多地体现了财政学传统理论的发展及其与公共产品理论研究成果的融合,那么布坎南则更多地体现了在维克塞尔思路和方向上的创新。“公共选择”理论的核心是,把经济交易与政治决策、个体行为与政府行为这两大人类行为的基本方面纳入单一的私人利益分析模式并对接市场机制一般原理。这一理论确有能够给人启发之处,但其需要解决的根本性难题,仍是“泛市场论”框架如何能够令人信服地解释自古至今决策并操纵国家机器的统治阶层代表人物（政治人）与微观经济层次上的市场主体（经济人）行为上的系统性差异，特别是国家理财活动与个体理财活动中强制性与非强制性的系统性差异。从一个特定历史阶段上，范围十分有限、具体形式又差别甚大的“投票”式民主所抽象出的概念，显然远远不能够覆盖和说明几千年人类文明史中各种各样，而且绝大多数是“非民主”地运行的财政制度。

（七） 苏联的财政理论

苏联早期的经济学家普遍认为，社会主义财政的对象是货币资金，因而财政的本质是国家货币资金运动所形成的货币关系体系。70 年代后，在其经济理论界占主导地位的观点认为财政的对象是货币基金（即具有特定用途的货币资金）（邓子基主编：《比较财政学》，中国财政经济出版社 1987 年版，第 83 页）。M. K. 舍尔麦涅夫主编的《苏联财政》教科书中说：“国家、社会主义企业、组织和机关的货币基金，乃是明确独立出来的货币资金，这些资金是有计划地、按规定的制度形成的，并用于明确的预定目的。……财政所表示的，是由于建立和使用基金而引起的人们的关系。”“财政关系表现财政的本质，表现生产（分配）关系的一个方面，……财政是为了满足社会和个人的需要，通过货币基金的形成和使用来分配社会产品而产生的那部分生产关系的表现。在这个定义中，着重指出了财政的三个特征：（1）分配的性质；（2）分配的价值形式，即货币形式；（3）必须形成和使用基金。具备这些特征，就有可能在财政和社会主义其他分配范畴之间规定界限。”（《苏联财政》，中国财政经济出版社 1980 年版，第 14、16 页）

由于存在对于货币基金及其关系体系的不同理解、不同阐发及对相关因素的不同侧重，苏联财政理论界又形成了“分配理论派”和“再生产理论派”两大流派。在货币关系体系的大思路下，两流派都强调了财政分配与国家的联系，前者以舍尔麦涅夫主编教科书的定义为代表，把分配的性质及其价值形式、基金形式结合起来，借以揭示财政本质；后者则认为由于社会主义国家财政是一种指令性的货币关系体系，其反映的再分配关系参与社会再生产的其他阶段，使财政成为社会再生产的一个内在范畴，所以只有从再生产角度研究财政分配关系，才能揭示财政本质（邓子基主编：《比较财政学》，中国财政经济出版社 1987 年版，第 83—86 页）。对于财政本质的阐发，引出了苏联财政理论界对于财政职能、范围、作用等的较系统的分析和阐发。

苏联财政理论，十分鲜明地把关于财政现象与本质这对基本关系的分析认识，摆在财政学理论体系的入口处，进而又果决地把财政本质理论的重点放在社会经济关系——广义生产关系的分配环节上，并且将考察的眼界扩展至社会再生产全过程。这与马克思主义经济学理论注重从人与人的关系（生产关系）角度揭示经济现象、经济事物的内在联系，注重社会再生产的系统性考察的传统紧密相联，从而在人类财政思想贡献之理论成果中，拓开一个崭新的角度，形成了马克思主义财政学在苏联时代的探索性框架。但是，囿于苏联高度集中的社会主义经济管理体制模式，“货币关系体系”思路把国家的分配等同于企业的分配，把财政与企业财务混为一谈，有时也把财政与信贷等混为一谈；并且，这一思路把货币形式当作财政（即使是社会主义财政）的唯一形式，也不能完全覆盖现实生活。在市场经济环境中，这种理论与现实生活发生的隔膜和抵牾，则不可避免。

（八）当代中国财政理论中关于财政本质的认识

中华人民共和国成立之后，50 年代末至 60 年代前半期，出现财政理论探讨的活跃时期,流派纷呈。后经“文革”十年沉寂,80年代后,财政理论研究再起高潮,成果更为丰富。当代中国财政理论的一大特点是,非常重视、十分广泛、相当深入地讨论了财政本质问题。

概括起来,我国财政理论在财政本质上的代表性认识,最主要的有如下流派:

1.“国家分配论”

认为财政的本质是以国家为主体的分配关系。作为中国财政理论界的主流学派,其拥护者颇多,定义性的表述也很多,虽措词上有或多或少的区别,但基本思路一致。如陈如龙在1964年财政学讨论会的闭幕词中表述为:“社会主义财政的本质是无产阶级专政的国家为实现其职能、分配社会产品和国民收入而形成的分配关系。”(《财政学问题讨论集》上册,中国财政经济出版社1965年版,第24页)

许毅、陈宝森主编的《财政学》中说:“我们可以把财政的共性概括如下:财政是特定阶级统治的国家为了维护加强其上层建筑、巩固发展其特定的生产方式而参与社会产品的分配和再分配关系。”“我们可以把社会主义财政的本质概括如下:社会主义财政是社会主义国家为维护、加强社会主义的上层建筑和经济基础,为建立合理的国民经济结构和社会结构,实现以最少劳动耗费取得最大经济效益,不断满足人民需要,对社会产品和国民收入进行的有计划分配与再分配。”(许毅、陈宝森主编:《财政学》,中国财政经济出版社1984年版,第37、44页)

邓子基在80年代的表述是:“社会主义财政是人民民主专政国家为满足实现其职能的需要,并以其为主体的,主要利用价值形式强制地、无偿地参与社会产品分配所形成的,取之于民、用之于民的分配关系。”(邓子基:《社会主义财政理论若干问题》,中国财政经济出版社1984年版,第12页)

何盛明、梁尚敏主编的《财政学》中的表述为："财政，即国家财政，是国家为了维持其存在和实现其职能的需要，参与社会产品分配而形成的分配关系。人们经常把国家财政的实质简称为以国家为主体的分配关系。"（何盛明、梁尚敏主编：《财政学》，中国财政经济出版社 1987 年版，第 17 页）

2. "价值分配论"

以王亘坚 60 年代提出的观点为代表，认为"国家参与价值的分配，必然在社会的各个方面，首先是在各个阶级之间形成一系列的分配关系，而这些分配关系——国家分配价值所发生的分配关系，就是财政现象的本质"。（《财政学问题讨论集》上册，中国财政经济出版社 1965 年版，第 220 页）

3. "国家资金运动论"

以李成瑞 60 年代提出的观点为代表，认为"社会主义财政就是社会主义国家资金所体现的经济关系"，而国家资金"是指社会主义国家所能掌握和运用的全部资金，包括长期运用的和短期运用的，集中运用的和分散运用的，可供分配使用和只能作周转的。这就是说，它包括国家预算、国家银行和国营企业所能运用的全部资金。至于集体所有制单位和居民个人的资金，当国家以征收税收、吸引存款和储蓄等方式，把其中一部分转入国家手中的时候，这一部分资金就进入了社会主义财政的范围"。（同上书，第 184 页）

4. "共同需要论"

以何振一 80 年代提出的观点为代表，认为财政"是由于人类社会生产的发展，出现了剩余产品或剩余劳动之后，发生了社会共同需要而产生的。它的实质是人们为了满足社会共同需要而对剩余产品进行分配所发生的分配关系”。(何振一:《财政起源刍议》,《财贸经济》1982年第3期)“社会再生产过程中为满足社会共同需要而形成的社会集中化的分配关系,这就是财政范畴的一般本质或内涵。”(何振一:《理论财政学》,中国财政经济出版社1987年版,第3页)

5.“剩余产品分配论”

以王绍飞80年代提出的观点为代表,认为“与一般分配过程不同,财政分配的对象不是社会总产品和国民收入,而是包含在社会总产品和国民收入中的剩余产品,这是财政分配的质的规定性,也是财政分配区别于其他分配关系的本质特征”。“财政是由剩余产品形成各种社会基金的一个经济过程,始终体现国家、集体与个人之间的剩余产品的分配关系。”(王绍飞:《财政学新论》,中国财政经济出版社1984年版,第7、10页)

6.“再生产前提论”

以陈共提出的观点为代表,认为“研究财政的本质必须从社会再生产出发,也就是从再生产过程中诸种经济现象的相互联系中把财政现象区别出来加以概括”。(《财政学问题讨论集》上册,中国财政经济出版社1965年版,第60页)“提出以再生产为前提建立财政学的根据之一,是对财政本质一般的认识……从根本上说,决定财政的产生和发展的不是国家,而是经济条件,亦即各该社会现存的生产力和生产关系。”(陈共:《财政理论与财政改革》,东北财经大学出版社1995年版,第1页)

此外,还有50年代明显受到苏联“货币关系体系论”影响的“货币关系”说(周伯棣:《论财政学的对象范围与业务》,《财经研究》1956

年第2期)；前些年，又出现了明显受到欧美“公共选择”等理论影响的“公共融资”说(王达：《重新认识财政范畴》，《经济研究》1994年第3期)。

总之，中国当代财政理论研究主流运动的起点，建筑在马克思主义政治经济学理论的框架之上。借鉴与批评国外(包括苏联)财政理论，无疑为中国的研究者提供了种种启示，而本国社会主义经济建设与社会发展的丰富实践材料和对于理论的迫切需求，更形成强劲的推动力。改革开放后，对国外研究成果的较多介绍，进一步促进了财政理论的繁荣发展。前述种种代表性流派的角度、观点各有不同，但无一不试图深入到财政本质的层次，进而为整个理论大厦提供坚实的地基。可以说，当代中国关于财政本质研究的广泛、活跃和深入程度，为世界所仅见。

各有千秋的流派，在近十多年改革开放、走向社会主义市场经济的转轨过程中，已呈现明显的分化：有的影响力消退；有的则得到多数研究者认同；新起的研究者在向传统学习的同时又向传统挑战。将现状归结起来，改革开放以来中国财政理论界的基本格局可说是“国家分配论”主流学派与“共同需要论”等两三个较具影响力的非主流学派间的学术论争。前面关于财政学说史的简要回顾，其实已勾勒出非常类同的基本线索，可以帮助我们举一反三，深入思考。

二、国家分配论:基本观点的分析

(一)“国家分配论”理论框架的要点

从前述人类财政思想史的回顾中可知,把财政看作国家分配或国家为主体的分配这一特定角度的认识,其源流可以追溯至亚当·斯密的“国家职能”观点;在马克思那里,则紧密联系于根本上由生产力决定的生产方式和阶级、国家的唯物史观;在瓦格纳、巴斯特布尔等人那里,都已经出现了比较明确的关于以政府收支满足其实现职能需要的表述——尽管在具体的理解、阐释上可以有种种不同。

而20世纪50年代之后逐渐成形于中国的“国家分配论”,可以说是这一角度的认识在理论探讨中更求深入和迄今为止更为展开的表现。中国这个学派的研究者们,明确地把自己的财政理论研讨,置于马克思主义基本原理指导之下,而又具有中国的特色和具体形式。

成为中国财政理论界主流学派的“国家分配论”观点及其理论体系的最基本要素,我认为可归结为如下四项:

第一,**分配关系**。即把关于财政本质的认识,最终落在分配关系之上,认为财政分配说到底,是社会生产方式中广义生产关系的内在构成环节之一——分配关系的一个组成部分。这一要点继承了马克思主义经济学理论的传统,使关于财政的探讨在“人与人关系”的角度上能够达到比较充分的深度。

第二,**国家主体**。即认为财政分配关系与其他分配关系相区别的主要个性或特点,在于分配的主体是国家政权或政府,而非别的任何经济活动主体。这一要点隐含着“财政即为国家财政”的界定。在这一界定下,国家政权的唯一主体性是不言而喻的:由国家政权掌握的分配,必属财政;不由国家政权掌握的分配,必非财政。这种鲜明判断体现了一种深远的唯物主义传统,即从基本的实证材料中归纳出结论。

第三,**国家职能**。即认为以国家为主体的分配在其功能、目标的客观规定性上,必然要归结为“满足国家政权实现其职能的需要”。当然,目标并不等于全部现实,形成目标也不一定就能保证其实现,但关于这一目标规定性的理论总结,是刻画国家分配的作用方向,这种方向是由财政的特性客观地确立起来的,在逻辑上也是顺理成章的。

第四,**阶级属性**。若是仅以“国家职能”这一要点为前提,其实仍可派生出不同的理论流派或“亚流派”。这里的关键在于如何解释“国家职能”,要言之,其内容是阶级性的或阶级性为主导的,还是公共的、全民的?中国的“国家分配论”坚持前者,而历史上许多归属于国家职能论框架的学者并不这样认为,比如巴斯特布尔便把国家职能一般地归结为“满足公众欲望”,这表明“共同需要论”等有时也可以与满足“国家职能”的前提并行不悖。所以,必须注意,“国家分配论”在满足国家职能方面强调的是统治阶级利益主导作用下的国家职能,即国家机器阶级属性前提下的国家职能。这一要点无疑是基于马克思主义的国家观。

另外还有一点似有必要在此提及。我国“国家分配论”的部分论者,在关于财政的定义中强调了财政分配的强制性、无偿性(如邓子基,参见《社会主义财政理论若干问题》,中国财政经济出版社 1984 年版,第 12 页)。另一些论者则认为强调强制性、无偿性具有片面性(如许毅,参见《财政研究》1995 年第 6 期,第 38 页;1996 年第 3 期,第 3

页)。这可归于同一学派成员之间关于某些更为具体的问题所存的不同见解。我的个人见解倾向于后一思路。因为即使撇开更复杂的“社会主义财政取之于民,用之于民”关系(或曰个体形式上的无偿、总体利益上的有偿)不说,从实际情况看,虽然财政分配的相当大部分采取了强制、无偿的形式,但毕竟还有一部分(某些情况下规模也十分可观)采取了非强制、有偿的形式。所以,至少不宜把强制、无偿这一点纳入最为共性的抽象及关于本质的表述之中。当然,这并不否定强制、无偿特征在较多(或许多)场合的存在。

(二) 对“国家分配论”的主要诘难及相关探究

在“国家分配论”形成过程中和取得主流学派地位之后,有持不同见解的学者对此学派的论点提出批评与诘难。今天看来,这些批评与诘难可大体分为三类。

一类属于已明显难以成立之批评。比如,关于“国家分配论”未包括社会主义财政中的“已越出了分配的范围”的资金周转(如国营企业财务中的资金周转)的批评(李成瑞:《从实践中的若干体会来谈社会主义财政的实质和范围问题》,《财政学问题讨论集》上册,中国财政经济出版社 1965 年版,第 181 页)。资金周转,虽然与财政具有一定联系,但确应归属到有别于财政分配的财务、信贷等范畴。看来当时批评者受到“大一统”的“货币关系体系论”和高度集中管理体制的某种影响,因而主张有必要以财政范畴将资金周转也涵盖在内。

另一类是把某些或某个“国家分配论”者的尚有争议、未达成共识的观点,作为整个国家分配论的观点而提出质疑。比如,针对“财政分配的特点是无偿分配”提出批评,认为无偿性不能成为财政分配区别于其他分配的标志之一。(罗彤:《关于财政概念、起源的探讨》,《财政研究资料》1981 年第 18 期,第 13 页)这种意见虽言之有理,却不能覆盖和适用于整个"国家分配论",至多只适用于"国家分配论"阵营内的某些个人观点。

第三类则属于至今仍具有冲击力和挑战性的诘难,值得继续探究。我认为主要有如下几点。

1."从国家权力中引出财政关系,本末倒置"

如王绍飞提出,国家分配论"违反了历史唯物主义的基本原理,财政既然是分配关系,那它就是社会生产关系的一个组成部分。它和整个社会生产关系一样,是由生产力的发展水平决定的。离开生产力的发展水平,从国家权力中引出财政关系,这在逻辑上是本末倒置"(《关于财政本质的探讨》,《学习与思考》1982 年第 2 期)。

关于这一批评,可以作这样的分析认识:生产关系最终决定于生产力,这无疑是唯物史观的基本原理,但这一点并不否定在"人与物"关系(生产力)背景下关于"人与人"关系(生产关系)中的分配主体的考察。财政分配关系属于生产关系中分配关系的一个组成部分,国家分配论首先确认了其分配关系这一本质属性,然后又指出财政分配以国家为主体,则是进一步界定财政分配关系与其他分配关系的区别(不同特征)之所在。区别(不同特征)可能有若干方面,但分配主体的区别无疑是其中非常重要的方面。凡分配必有分配主体,指出分配主体的客观规定性,并不等于就是从该主体的权力中引出分配关系。比如,我们如果说企业财务分配的主体是企业法人,并不等于就是从企业法人的权力中引出财务分配关系。分配主体当然有其能动性,但无论什么样的分配主体,毕竟都要被为生产力所决定的生产关系、分配关系所制约。基于这样的分析,显然并不能得出国家分配论指出了财政分配主体就发生"本末倒置"的结论。但是,我认为确有必要进一步开掘关于生产力水平对于财政分配的根本性决定作用方面的研究,并在关于财政本质的表述上,也有必要讲清生产力这一本原,这样才有利于减少误解,深化认识。

2."在经济基础和上层建筑的关系上,本末倒置"

如许方元提出:"首先……一方面说财政的本质是'分配关系',另一方面又说财政的作用是'促进社会主义生产关系的巩固和发展'的。这不就是说生产关系为自己服务了吗?""第二,一方面把财政的本质说成是属于生产关系的,另一方面在讲财政作用时,又说财政是'为巩固无产阶级专政服务'的,这就出现了经济基础为上层建筑服务这样本末倒置的问题。""第三,一方面说财政是属于生产关系的,另一方面在讲税收的时候,又说:'它是国家凭借政治权力对纳税人征收。'这就产生了一个经济基础与上层建筑在财政肚皮里闹矛盾的问题。"(《社会主义财政的本质、职能和作用的探讨》,《财政》1980 年第 12 期)

要回答上述诘难,关键在于如何理解和回答"财政是经济基础还是上层建筑"这一曾讨论了多年的问题。许毅等曾在《财政学》中提出了一个言简意赅的归结:"财政分配关系属于经济基础范畴,财政政策和财政制度属于上层建筑范畴。"(《财政学》,中国财政经济出版社 1984 年版,第 33 页)这一思路是十分重要的。日常生活中,"财政"一词是一种笼统的泛称,不同场合、不同上下文关系中,可指财政关系、财政政策、财政部门、财政工作、财政收支,等等。对于笼统的"财政"概念,在理论考察中有必要区分为本原的财政分配关系和派生的财政分配手段两个层次。财政说到底是一个客观经济范畴,是一种分配关系。财政分配关系的基本规定性来自根本上取决于生产力的生产关系的基本规定性,并构成生产关系总和的一个组成部分,属于经济基础。对此基本规定性,作为分配活动主体的国家政权也不能加以改变,无法"为所欲为",因为国家本身正是竖立于这种经济基础之上的,是主导的生产关系的政治体化物;而财政分配的手段(政策、体制、制度、计划、工作机关等),是客观的财政分配关系见之于行为主体主观意识形态和设计、管理、操作方面的分配方针与工具,属于上层建筑,它们取决于、并反映着包括财政分配关系在内的经济基础,而且在一定限度内对经济基础发生能动的、有时甚至是相当重大的反作用——一般而言是服务于基础,但处理不当也有可能损害基础。换言之,国家政权对财政分配手段掌握得当,可以促进其经济基础的巩固和发展;反之,可以加快其经济基础的瓦解。

理清了这两大层次的关系,就可以知道,国家分配论在经济基础和上层建筑的关系上,其实并没有形成"本末倒置"和混乱。讲服务于生产关系的巩固和发展,讲服务于阶级专政,以及讲凭借政治权力征税等等的时候,都是从财政分配手段的层次而言。当然,以往这方面的剖析和说明仍是不够清晰和充分的,如何把上述两个层次的内在关系表述得更加充分、全面和严谨、清楚,确实是值得国家分配论者进一步努力的方向之一。

3."分配关系以国家为主体不能成立"

蔡明麟、许方元提出:"在任何社会形态下,分配关系的形成,总是以生产资料的占有关系为转移,只有这一个主体。如果说分配关系以国家为主体,不是靠向'暴力论',就会陷入二元论,那是行不通的。"(《对财政本质的初探》,《财政研究资料》1981年第18期,第4页)

分配关系以生产资料的所有、占有关系为转移,是马克思主义的基本原理。生产资料的所有、占有主体,也必然成为分配主体,这是无疑义的。问题在于如何理解"这一个主体"的具体形式。人类历史自进入阶级社会后,便有统治阶级与被统治阶级之分,统治阶级总是由占统治地位的生产资料所有者阶级充当,并掌握着由于阶级矛盾不可调和而产生的国家机器。国家作为一种权力实体,是占统治地位的生产资料所有者阶级的政治代表,因而也成为生产资料的占有主体或占有主体的代表,所以国家同样可以顺理成章地成为分配的主体。这与前述基本原理毫无矛盾,只是该原理的一种具体引申。由此可知,国家分配论指出国家的分配主体地位,并不发生"暴力论""二元论"的问题。

可以看出,上面三种批评诘难,都侧重于本原体和派生物"谁决定谁"的关系这一角度。与这种角度多少有些相仿、但在抨击的形式上甚为极端和"不遗余力"的一种责难,是所谓"罪过论",即认为国家分配论强调国家意志,带有任意性、主观性,不讲"公共需要",是国家财政陷于困境的理论根源。对此邓子基曾撰文予以反驳,逐条指出"罪过论"是不能成立的(《财政研究》1997 年第 1 期,第 13—16 页)。因此,本文对所谓"罪过论"不再展开,只是有必要指出,"罪过论"虽然形式粗糙,但内含的逻辑其实暗合于纯客观因素论、泛市场论的思路,即主张把财政分配与国家、阶级割裂开——认为讲国家分配主体作用和国家职能需要,就与唯意志论画等号,就与"公共需要"对立。

温故而知新,前面关于财政思想史的回顾已能够启示我们,类似角度的诘难今后还会以这样或那样的表现形式出现,而"国家分配论",这一线索的研讨也有必要继续深入。

(三)结合其他流派的考察

为了深入讨论,有必要在此变换角度,考察一下若干与国家分配论不同、至今仍具有一定影响的流派的基本观点及所受到的批评,或所可能面对的诘难。

1.“共同需要论”

共同需要论的核心观点是把财政本质归结为人们为满足公共需要而进行的分配所发生的分配关系。这种概括对于无阶级“史前社会”中作为萌芽状态表现的“原始财政”是大体适合的,但对于阶级社会中的财政现象与财政关系却显然难以涵盖。许毅等曾有针对性地提出:“在国家出现以后,以国家为主体的分配活动是否仅仅限于满足共同需要所进行的分配活动?……在国家出现以后伴随而来的财政范畴如捐税、国债等等是为了满足这些特殊需要而产生的,而且随着阶级矛盾的激化,这些特殊需要远远超过了共同需要。”(《财政学》,中国财政经济出版社 1984 年版,第 50—51 页)

诚然,在人类社会成员分裂成为不同阶级、因阶级矛盾不可调和而产生国家之后,全社会层面的“共同需要”仍然是存在的,如防治自然灾害、保护环境等。但这时在一般情况下,不同阶级特别是掌握国家政权的统治阶级与处于被专政地位的被统治阶级之间的不同利益和不同需要,成为经常发生的、并且对于整个社会生活产生巨大影响(往往是最重要影响)的矛盾冲突,而统治主体所掌握的财政分配,在这种冲突中必然是服务于本阶级需要而打击被统治阶级需要的——“共同需要论”对此无力予以概括和说明。

再之,在一定条件下和某种程度上,统治阶级需要与被统治阶级需要之间可以形成某些妥协或结合,比如,我国历史上一些封建王朝曾实行过的“轻徭薄赋”政策,短期看有利于农民(被统治阶级)的休养生息,长期看则有利于巩固这些王朝的统治;又比如,“在西方财政的收入再分配中,资产阶级与工人阶级在某种程度上都是获益者——前者稳定了政权,后者改善了生活”。(王达:《重新认识财政范畴》,《经济研究》1994 年第 3 期)我们把上述这类妥协与结合,归为“共同需要”范畴也不是不可以。但最基本的历史事实是,一般情况下或总体趋势上,阶级利益的不同和对立及相应而来的各自需要的差异和对立,是经常的、主流的、第一位的,而妥协与结合则是较少的、支流的、第二位的,某些特定情况下其暂时成为主流也是非长久的、罕见的。归根到底,统治阶级必定要不遗余力地维护和巩固自己所掌握的国家机器及其所赖以树立的经济基础(生产关系),不惜动用一切财政手段来达此目的;被统治阶级也必定经常不断地做出各种形式的不合作乃至反抗斗争,而财政方面的不合作乃至反抗斗争亦是经常形式(群众性"抗捐抗税"之类,史不绝书)。"共同需要论"对此也无力予以概括和说明。

总之,人们"需要"的根基,是物质利益的需要。在失去了唯一主导性的"共同物质利益"的阶级社会里,其实应不难理解,仅为"满足共同需要"的分配,经常要归于某种矫饰的、经不住考察的、"口惠而实不至"的空中楼阁。当然,"共同需要"毕竟还占有某种地位。上面列举的非主流的、但不能抹杀与否认的共同需要,从客观方面而言,反映着社会再生产基本前提条件(人类在自然界中的生存等)的必然要求;从主观方面而言,既反映着统治阶级对人类社会共同生存环境及其制约的认同,也反映着在某种理智性判断下,统治阶级需要向被统治阶级需要做出的一定程度的妥协或二者一定方式的共存与结合。欧美财政理论所探究与分析的社会公益设施之类"公共财"(公共产品和服务)的特性——效用的不可分割性、消费的非排他性与受益的非竞争性,有助于我们从技术性层面分析说明"共同需要"的一些具体形态及满足它的手段,但是无论如何,共同需要论难以成为完整说明财政现象与本质的理论。

2."剩余产品分配论"

此论的核心观点在于认为财政的本质特征是对于剩余产品的分

配。这种概括有其合理之处,因为无论从财政起源还是从财政现实进行考察,财政分配的经济前提都是存在社会剩余产品,即 m 部分。有了剩余产品,社会权力中心才有财可“理”,才能有称之为财政的理财活动。但如果仅仅强调这一条,却并不能在理论表述上严谨对位。因为:

第一,在进入阶级社会之后的历史上,绝不能排除国家政权“横征暴敛”的财政分配超出剩余产品范围而涉及必要产品的现象。许毅等曾指出:凡是剥削阶级统治的国家,“其剥削量通常都是超过剩余劳动的,不侵犯必要劳动的分配是鲜见的”。(《财政学》,中国财政经济出版社 1984 年版,第 60 页)所以,他们认为剩余产品分配论在这方面“不尽符合历史事实”,“抽象不够完全,不如说成财政分配是对社会产品的分配来的概括”(同上书,第 60 页)。此外,社会主义国家的财政,在高度集中体制下也曾长期发生对于企业折旧基金的分配,是另一个反证。因此,剩余产品分配论在这个角度上涵盖不足。

第二,对于剩余产品的分配,并不仅仅发生在宏观的财政层次,也发生于微观的财务层次。事实上,在人类社会进入稍微发达一些的阶段之后,财政仅能分配剩余产品之中或多或少的一个部分,基本上不可能分配其百分之百的全部。所以,以“对于剩余产品的分配”来抽象出财政本质,在这个角度上讲又涵盖过度。

但是,剩余产品毕竟是财政分配的主要部分,出现和存在剩余产品毕竟是财政分配的经济前提。所以我认为,“剩余产品分配论”在这一角度上的开掘所形成的合理内容,无疑是值得为“国家分配论”所吸收借鉴的。

3.“再生产前提论”

此论强调的是从社会再生产出发,以再生产为前提认识财政本质。这无疑是符合唯物史观的。问题是,在关于财政本质的认识中,虽然可以和应当强调分配环节与社会再生产总体联系的方面，但毕竟还不可能绕开财政分配关系形成时所不可缺少的另一方面的前提，社会权力中心的出现。无社会性的权力中心，即使存在剩余产品，即使存在分配环节，也仍然是有“财”无“政”。所以，考察财政问题时，在经济性基本前提的旁边，还有政治性基本前提的位置。当然。更进一步说，经济发展是政治发展的本原，归根结蒂是生产力水平和经济基础决定了人类政治活动的形态，因此财政的经济前提是第一性的，政治前提是第二性的。承认这种本原上的“顺序”之后，要考察财政问题，仍然需两方面的前提同时考察与分析，否则就难以认识和阐明财政分配区别于其他分配的特殊性质。

所以，整体来看，“再生产前提论”虽具有其积极合理的内容，但在财政本质的表述上，却仍显得不够完全和不够清晰，尤其是对于财政的特性方面缺乏提炼。但无疑“国家分配论”也应吸取“再生产前提论”的合理内容。

4.“公共融资论”

这是国内上世纪90年代出现的一种观点。比如，王达在提出“重新认识财政范畴”时，表述了“在现象上把财政描述为政府收支，在本质上把财政界定为公共融资”的观点。他首先把财政的英文“public finance”直译为“公共融资”，然后说：“政府收支是融资活动，不应该有什么争议。”(《经济研究》1994年第3期)但是，这一点却正是不能不“争议”一下的。finance一词在英译汉时可有财政、财务、金融、融资、资助、筹资、理财等多种表达，具体应作何选择，要依上下文而定。“public finance”这一词组在英译汉时，并不能在“公共”一词后面加上“finance”的任意一种译文——笔者所见过的有“公共财政”或“财政”两种基本译法，另偶有“公共理财”的译法。那么，如王文提出的那样把“财政”译为“公共融资”如何?我认为显然是不妥的。汉语中,融资是融通资金之意(与“金融”之意相仿),融资行为中,资金融出与融入的双方或各方,相互间形成的是一种信用关系。政府收支虽然包括了一部分公共信用或国家信用(公债的举借及还本付息,“财政投融资”等),但其主要的、大量的收支活动,却不是反映信用关系,不属融资活动,不能用“融资”来概括。比如,财政收入的最主要来源——税收,以及非主要来源之一——罚没收入,都无法用“公共融资”来概括,现象上不是,本质上更不是。毋宁说它们在现象上是带有法律强制性背景的政府筹资(与调控)手段,本质上是政府为主体的分配。又如,财政支出中的国防、行政管理、公检法支出等,也无法用“公共融资”来概括,它们同样在现象、本质上都与“融资”不相合。只有属于“财政信用”的那一部分财政收支,称得上是“公共融资”,但它并不构成财政收支的主体。众所周知,理论研究的术语需保持必要的逻辑规范,以部分的、非主体的属性来概括出整体的、本质的属性,即为以偏概全,是难以成立的。

如果把“公共融资论”放到“泛市场论”的理论框架下,倒是勉强可以形成这样一种逻辑关系的:不论政府以何种具体形式实现的收支(税收也好,罚款也好,公用经费支出也好,公共工程支出也好),都可以归属于政府与公众,或公众之间以政府为媒介的市场交易,而且这些交易中“付款”与“供给”有时间差,因而成为一种信用关系或“公共融资”关系。那么,这里问题的关键便回到这样一个基本判断上面:“泛市场论”是否站得住脚——换言之,这种逻辑链条的大前提(“政府收支是特定形式的市场交易”)能否成立?

在我看来,这个前提难以成立。

按照以“市场交易的延伸”这一独特视角观察政治与政府收支的公共选择理论,使“交易”得以实现(即公民通过民主制度表达意愿并达成协议）的基本途径与规则，是运用“多数投票法”，或称简单多数规则。由此开始分析，那么：

（1）从理论上说，阿罗的“不可能性定理”已对此给出了一个极有力的反论，即多数投票法并不能保证人们的偏好序不发生扭曲或背反（《新帕尔格雷夫经济学大辞典》第 1 卷，经济科学出版社 1996 年版，第 134 页；参见阿特金森与斯蒂格里茨:《公共经济学》，上海人民出版社 1994 年版，第 381 页）。

（2）从历史和现实看，近似地实行“多数投票法”的古希腊城邦“主权在民，轮番执政”的制度，在历史长河中仅为“蕞尔小国”里的昙花一现，并且这样的“民主权利”与当时在总人口中比例甚高为数巨大的奴隶阶级完全无干，仅仅是小部分社会成员之间的民主制（参见《顾准文集》，贵州人民出版社 1994 年版，第 73 页）。数千年过去，今天世界上真正实行“多数投票法”的国度仍然没有，地区性的例子也仅见于“新英格兰的城镇会议和瑞士的自治城乡这类直接民主”，所以“这种方式对现代社会的适用性很有限”。（阿特金森和斯蒂格里茨:《公共经济学》，上海人民出版社 1994 年，第 374 页）至于现实中被较多地采用的代议制民主形式，如何能避免多数投票法都不能避免的扭曲，进而（近似地）实现公共选择的“市场交易”，更是未见什么像样的分析论证。

（3）从基本概念看，何谓真正民主的制度，或一般民主形式，至今在世界上仍悬而未决，换言之，迄今还找不到民主制度的一个代表性的或一般性的形式。

（4）从政府收支的过程与结果看，政府财力的收入与使用不仅有“时间差”即“付款”与“供给（受益）”的先后错开，而且更为重要的是，有“空间差”即收入再分配，或称富人、穷人间的以政府收支为中介的转移支付，换言之，“付款”与“受益”的大小错位。由政府出面的先“取”后“予”，从各个居民的具体情况看，恰好相当并符合“市场交易”

原则的,只能是较少的一部分。通盘看,所谓按“受益原则”的交换在数量上不成立,只能解释为政府为中介的“抽肥补瘦”的转移支付再分配,从总体、长远上说可以有利于整个社会的稳定与和谐。所谓“取之于民,用之于民”在社会主义的政府掌握得较好的情况下,也仅当如是观。另一方面,无论是政府自身耗费过大,还是转换支付作用过小,都属财政职能与运作的偏差,也都是“受益原则”无法解释明白的。

总之,经过以上分析之后,可知所谓“市场交易的延伸”,实际上在政府收支领域里几乎无处可以令人信服地延伸。以“民主制度”为主要支点的公共选择理论的泛市场化分析框架,其逻辑前提是一种得不到历史与现实充分支持、理论推导中亦捉襟见肘的假说。因此,若由此逻辑而引出“公共融资”说,仍然是站不住脚的。

但是,也确有必要指出:必须认识到以国家(政权、政府)为主体的分配,现代社会中往往是以不同方式、不同程度的民主制度(如议会制)为制约条件的分配,并且这种制约大体上具有趋于强化的走向。因此,公共选择理论在这一方面的分析探讨,确实可以具有将财政与政治民主制度及其发展进程结合起来加以研究的积极意义,笼统地说“纳税人交纳的税收是政府公共服务的对价”,在现实生活中也有“模拟交易”认识框架下要求政府更好地履行公共职能的积极意义,这是很值得“国家分配论”予以重视并有选择地借鉴吸收的。

(四) 关于“国家分配论”的发展的几点思考

1.“国家分配论”在我国财政基础理论中的主流学派地位,是客观历史过程的选择

我国财政基础理论研究之所以能在新中国成立以来的几十年间获

得蓬勃的发展，重要原因之一，是具有来自现实生活、现实工作的迫切要求和有力推动。而“国家分配论”，是我国财政理论研究工作者和实际工作者，从一系列十分现实的问题出发，以马克思主义基本原理为指南，结合古今中外的实证材料和我国财政工作的实践，深入思考、努力钻研、广泛探讨，博采众家之长，从而逐步形成的一种较为完整的财政学基础理论体系。它的主流学派地位，并不是领导机构或哪几个要人所封的，而是客观历史过程的选择。形成这种选择结果的基本原因是：

第一，“国家分配论”理论观点鲜明、逻辑贯通、持之有故、比较彻底，因而比较有说服力。

第二，我国的一批学术界代表人物，以“国家分配论”的基本观点为轴心，展开了相关方面的相当广泛的理论探讨，进而形成了财政学的理论体系，产生了较大影响。

第三，“国家分配论”在学术界和实际工作部门形成了占多数的拥护者。改革开放新时期，“国家分配论”在理论上所遇到的新的诘难和挑战，仍未根本改变这种格局。

第四，我国财政工作者以“国家分配论”为基础理论武器，紧密结合中国经济建设和财政工作的实际，形成了一套财经政策思路，并在几十年间发挥了重要的指导作用。

2. 对“国家分配论”需要有所继承并进一步补充和发展

可以说，“国家分配论”曾被理论界反复诘难，被实际生活反复检验；如果上溯其历史源流，则更可知其是一种几代人从各个角度加以审视和探究的极具价值的思路。在今后我国走向社会主义市场经济新体制的过程中，“国家分配论”可能要面对一系列新的诘难，但将继续具有其不应低估的理论价值。对于这一重要的财政基础理论，应当继承其精华。

但同时,“国家分配论”无疑需要进一步补充和发展。主要的理由是:

——任何理论形态的东西都不可能是终极真理,需要不断地发展和丰富。一旦停止,便将僵化和灭亡,“国家分配论”当然也不例外。

——我国改革开放十余年来的伟大实践和政治经济学领域一系列重大问题的重新认识,推动着新的全方位的财政学思考,为“国家分配论”的发展,激发与提供了一系列宝贵的和十分丰富的思想材料与实践材料。

——近十余年“共同需要论”“公共融资论”等对“国家分配论”的挑战,推动了学术界进一步的争鸣和思考,也提供了进一步发展和丰富“国家分配论”的条件。

——世界上主要市场经济国家的财政学理论和经济学理论被广泛而大量地介绍到我国,为“国家分配论”的发展提供了大量的借鉴材料和强有力的推动。

——“国家分配论”的部分拥护者,前些年表现出了某些将此论狭窄化、片面化的倾向(参见许毅:《“国家分配论”的产生与发展》,《财政研究》1995 年第 6 期,第 38 页),也是需要对此论加以澄清并加以发展的原因。

——“国家分配论”的一些基本表述和阐释,尚是比较初步的,不够完善的,有其深化的余地和必要性。比如,以“国家分配论”的理论框架为起点,如何防止“纯主观意志论”和“纯客观因素论”两种不同走向的偏颇,就有一系列的问题需要进一步细化和深入探讨。国家产生之前有无财政?应当怎样认识?这也是国家分配论未予回答的重要问题。

3.“国家分配论”进一步丰富与发展的若干要点

(1)有必要进一步扩展视角,从人类社会的产生、发展和生产力与生产关系、经济基础与上层建筑相互作用的历史过程，进一步研究和说明从财政萌芽、出现史前（原始）财政到形成国家财政的来龙去脉，以便基于更全面、更充分的论证，来揭示财政的本质和国家财政的形成过程及其内在规定性。

（2）有必要进一步研究分析“共同需要论”“剩余产品分配论”“再生产前提论”等观点、流派的文献，汲取其中从各个特定角度出发而确立的合理成分，取彼之长而补己之短，使之融合于、涵盖于发展了的“国家分配论”的理论体系之中。

（3）有必要积极借鉴来自西方的经济学和财政理论中“公共产品”“公共选择”等核心范畴和其他论述分析的有益成分，并汲取宏观经济学、计量经济分析的一系列积极成果，取精华、弃糟粕、兼收并蓄、摒除庸俗，使“国家分配论”在发展中获得“集大成”和“吸收人类社会一切文明成果”的坚实而科学的基础。

（4）有必要充分领会中国改革开放这一伟大时代中社会生活各方面撞击、冲突、转折、变化的理论意义与内容，充分领会近几十年来马克思主义思想体系、科学社会主义、政治经济学领域的一系列重大突破和创新，把财政问题放在历史唯物主义、科学社会主义和理论经济学的宏大背景中，作全方位的新思考，在社会生产力、生产关系再生产的动态过程和走向社会主义市场经济新体制、国家治理现代化的转换、创新过程中来把握财政，进而实现“国家分配论”和财政理论的不断丰富和发展。

三、财政本质的展开论述

综前所述，为了对财政本质做出进一步的探讨和更完善的认识与表述，需要"站在前人的肩膀上"，对各个理论流派的学术成果取长补短，并紧密结合新时代中的实践进展，对财政现象的丰富内容做出考察、归纳、揭示与阐发。依此角度，试作关于财政本质的正面展开的分析论述，并引出主要基于国家分配论，但力求集其他认识流派有益贡献之大成的"社会集中分配论"。

（一）唯物史观：正确认识财政本质的理论基础

财政现象是一种社会的历史的现象，财政关系是一个历史范畴。在我们探讨财政本质问题的起点上，存在一个无可回避的、基本的、前提性的理论问题，这便是历史观的问题，即对于人类历史的变化持一种什么样的总体态度和理性思维指向。

在马克思主义创始人提出历史唯物主义的思想体系之前，多少世代的思想家们虽然从各种各样的角度对于人类社会历史的演进提出过种种解释，却不能既系统又严谨地勾画出其基本规律性的轮廓。马克思主义理论将辩证唯物主义的哲学思想运用于历史科学，从人类社会最基本的事实出发，揭示出社会生产力决定社会生产关系，生产关系总和构成的社会经济基础决定政治、法律、文化、宗教之类的国家机器与意识形态等上层建筑，同时生产关系对于生产力、上层建筑对于经济基础又发生能动的反作用的基本原理，从而形成了关于社会基本矛盾及其演变规律的科学理论——历史唯物主义，即唯物史观。

在我看来，这个唯物史观，在我们作深入探讨以求正确认识财政本质的时候，应当成为理论的基础，逻辑体系的开端，剖析问题的指南。否则，人们尽管可能在一些局部和一些技术性问题上取得进展，却并不可能在一个经得起实践和实际生活检验的可靠而坚实的地基上，建成系统阐述财政本质的论坛，而难免会落入"在沙滩上建造城堡"的窘境。

以唯物史观为理论基础，意味着首先要明确若干大的原理性问题，即应当坚持以生产力的发展来说明生产关系和财政分配关系的依据何来；坚持以经济基础来说明国家以及国家理财政策与方式的本原何在；并且坚持以生产关系对生产力和上层建筑对经济基础的反作用来说明分配关系与财政政策的能动性；进而在上述这些系统的、有机的历史事物关系的联结框架中，把握与说明财政的本质。

（二）广义财政概念与原始财政起源

已有不少学者说过，国家财政是伴随着国家的产生而产生的。这一表述本身无懈可击。问题在于，若把它展开一步，则要发问："国家财政"与"财政"这一概念如果从学术角度作严谨定义的话，是否是同一个概念？

如果是，则"财政"就是"国家财政"的同义反复；如果不是，则必然要引导出国家财政形态之外还有其他财政形态这一命题，即财政的大概念（形式逻辑所讲的"属概念"）中要包含着若干个子概念（形式逻辑中的"种概念"）。

按照"历史与逻辑相一致"的原则作一通盘的考察，我采取第二种回答,即国家财政可被看作人类历史长河中财政的各种形态之一,而非唯一形态。我认为,可把人们所称的“财政”作广义、狭义两种解释。广义财政在现象形态上指的是人类社会发展各阶段以社会性的权力中心为主体的理财活动,包括国家出现之前的原始财政、国家出现之后的国家财政,以及将来国家消亡之后公共权力中心的财政;狭义财政在现象形态上可以特指人类社会某个具体发展阶段上的以社会权力中心为主体的理财活动——由于我们现在处于国家作为社会权力中心的社会,所以今天通常所说的财政,即为国家财政(或国家各级政府的财政)。

我们目前正处于并将长期处于社会主义的初级阶段,国家消亡之后的事情属于遥远未来,现在可“点到为止”;但关于国家产生之前的研究,却是不可缺少的对历史的回顾考察,有必要从可能得到和做出解释的史料中引出我们的判断与认识。正如列宁所说,为了用科学的眼光观察问题,“最可靠、最必需、最重要的就是不要忘记基本的历史联系,考察每个问题都要看某种现象在历史上怎样产生,在发展过程中经过了哪些主要阶段,并根据它的这种发展去考察这一事物现在是怎样的”。(《列宁选集》第 4 卷,人民出版社 1972 年版,第 43 页)

已有不少研究者考察、分析、论述过财政起源问题,其中一部分涉及了对国家产生之前分配领域的考察。

比如,罗彤在 1981 年发表的论文《关于财政概念、起源的探讨》中考察了原始群体时代的分配、氏族公社时代的分配,乃至阶级社会初期的分配,提出:一直被人们视为财政现象的贡纳,“确实产生于国家之前!”其在这里所指的,主要是“征服者部落向被征服者部落征收贡物”,征服者部落甚至“委派贡物征收吏,留驻于他们(指被征服部落)的领土之中”。(《财政研究资料》1981 年第 18 期,第 14—15 页)

何振一在于 1987 年出版的《理论财政学》中,根据原始社会演变过程的分析论证，明确提出了“原始财政”概念，认为财政“是社会发展到氏族社会阶段，社会的再生产组织结构，从单一层次发展成有层次后，在社会中形成了独立于社会生产单位和消费单位之外的社会共同事务需要而产生的”。（《理论财政学》，中国财政经济出版社 1987 年版，第 17 页）在氏族公社（指原始人群以直系血缘关系结合起来的社会集团）及部落（为若干个氏族组成的氏族群落）的生产关系中，发生了由社会集中从事的社会共同事务需要，进而必然地要产生满足社会共同事务需要的分配关系，于是产生了萌芽形态的财政；以后这种分配终于全部从氏族的内部分配中分离出来，形成独立的社会集中的分配，便使财政分配成为一个完整的独立形态。他以西安半坡遗址为例，指出已发掘的五万平方米遗址中，在氏族成员居住区的中心部位，有面积约一百五十平方米的大型房子，是公共集会的场所，另有公共仓库和陶窑场，以及围绕村落深宽都达五六米的大防御沟等设施，这些已与文明时代的财政分配维持的公用设施相一致。他认为，到了原始社会的尽头——农村公社阶段，其管理机构已“发展成单纯执行社会共同事务职能的纯社会组织”，财政收入的主要形式，一是抽调劳力为村社从事耕种等，二是社会成员对于生产成果的志愿贡献（同上书，第 19—25 页）。

王绍飞在于 1989 年出版的《改革财政学》一书中，则强调剩余产品是产生财政关系的生产力标志，分配剩余产品是社会再生产的需要，“所谓财政关系的萌芽，就是随着剩余产品的产生，在社会再生产过程中逐渐形成一种超越直接生产单位并离开物质生产领域在社会范围分配剩余产品的关系的雏形，以后一切财政关系的发展和演变都是从此开始的”。（《改革财政学》，中国财政经济出版社 1989 年版，第 31 页）

根据吴才麟的研究，人类社会经历了采集经济时代、狩猎经济时代和出现简单复合工具的渔猎经济时代之后，在种植经济时代（距今约二三万年前),剩余产品出现,以氏族长为代表者的初期社会组织,为了公共活动(比如,全氏族成员聚集一地过几天停止生产劳动、尽性欢乐的生活,还有举行对祖先和鬼神的集体祭祀活动等)的顺利进行,对各个基本经济单位交公的剩余产品进行分配,即是“原始公共分配”出现之时。以后,又发展为部落的分配和部落联盟的分配(见《史前经济与财政起源》,中国财政经济出版社 1990 年版,第 105、595 页)。这种“原始公共分配”及其后直到国家出现之前的诸演进形态,我认为可以用“原始财政”的概念来涵盖。诸如上述学者们这些侧重点不同的研究成果,可以互相补充和印证。

总之,我们可以做出如下基本概括:原始财政是以原始氏族、部落、部落联盟、农村公社的社会性权力中心为主体的理财活动,其经济上的基本前提是出现剩余产品,有了剩余产品及其量的增长,才有财可“理”,并且越来越需要“理”,其政治上的基本前提是出现社会性的权力中心。无权力中心,即使存在剩余产品,也是有“财”无“政”。正是由于生产力的发展而出现了剩余产品,才使原始公共分配(原始财政)这种分配关系的出现成为可能;又加上社会组织形态中被剩余产品的出现所刺激、催化而形成的权力中心及其职能、行为,使原始公共分配(原始财政)的出现进而成为必然。当然,前已论及,经济发展是政治发展的本原,人类政治活动的形态(“管理社会公众事务”的形态)归根结蒂取决于生产力水平和经济基础。“需要是同满足需要的手段一同发展的,并且是依靠这些手段发展的。”(《马克思恩格斯全集》第 23 卷,人民出版社 1972 年版,第 559 页)没有剩余产品,不可能产生明确的“公共需要”及对于满足这种需要的社会集中性处置及处置上的社会性权力。所以,对财政的萌芽与发展来说,经济的前提(生产力与生产关系的发展)是第一性的,而政治的前提(权力中心的形成)是第二性的。

原始财政无疑是一种简单、粗陋、规模十分有限的低级形态的理财，但它毕竟是财政这条浑浩流转的万里长江的源头与上游。其实，原始财政在人类历史中至少存在过数以万计的年头，而国家财政迄今却至多不过存在了5000年。

原始财政的基本特点，首先在于这种理财的社会性；它是原始时代满足社会成员共同需要的公共分配；其次在于这种分配的集中性：在分配过程中出现集中决策下的"收"和"支"（当然那时都只可能采取实物与劳力形式），以集中的调控为关键特点。总之，在原始财政这个财政最低级的形态中，广义财政基本的共性规定都已经具备：社会性权力中心为主体的、带有集中性特征的分配。

由于此时尚未出现阶级的对立和依托于生产资料私有制的剥削制度，人类社会的"共同需要"在社会管理层次上表现为其纯真的、唯一的形态——它未被当时尚不存在的统治阶级独特需要和阶级斗争的需要所冲击、压倒或分化。

（三）国家财政的产生

在论述"国家财政"之前，有必要先说明国家为何物，它如何产生。

恩格斯在著名的《家庭、私有制和国家的起源》一书中，根据对人类社会发展史的考察，精辟地说明："曾经有过不需要国家，而且根本不知国家和国家权力为何物的社会。在经济发展到一定阶段而必然使社会分裂为阶级时，国家就由于这种分裂而成为必要了。"（《马克思恩格斯选集》第4卷，人民出版社1972年版，第170页）概言之，随着原始社会后期一夫一妻制父系家庭的形成和主要生产资料从公有逐步转化为家庭私有，并随着游牧部落从其余野蛮人群分离出来的第一次社会大分工和手工业与农业分离的第二次社会大分工，商品交换成为可能和必要,社会成员富裕程度的差别明显起来,加之生产扩大中对劳动力的需求促使原先的相互征伐过程中的杀俘转为将俘虏变成奴隶,于是社会分裂为奴隶主与奴隶,自由民中也分化为富人与穷人,“同一氏族内部的财产差别把利益的一致变为氏族成员之间的对抗”(马克思:《摩尔根〈古代社会〉一书摘要》,人民出版社 1965 年版,第 191 页),于是“氏族制度已经过时了。它被分工及其后果即社会之分裂为阶级所炸毁。它被国家代替了”。(《马克思恩格斯选集》第 4 卷,人民出版社 1972 年版,第 165 页)国家的起源不像黑格尔所断言的是“伦理观念的现实”,“理性的形象和现实”(同上书,第 166 页);也决非卢梭的“社会契约论”这种理想化的假说所能透彻说明;德国社会学家弗兰茨·奥本海默的“对战败人群统治”说(奥本海默:《论国家》,商务印书馆 1994 年版,第 6—7 页),是注重从历史事实出发的,但只概括了部分的事实,而未进入阶级分析的深度——“奴隶制起初虽然仅限于俘虏,但已经开辟了奴役同部落人甚至同氏族人的前景”(同上书,第 104 页),因为社会经济的发展已使原始共同体的内部形成了阶级分化与对立。国家是阶级矛盾不可调和的产物和表现,是阶级统治性质的机关,是建立一种“秩序”使这种统治合法化、固定化并实施阶级压迫与剥削的工具。恩格斯指出了国家与旧的氏族组织在现象上有两大差别:一是按地区(而不是按血缘关系)来划分国民;二是“特殊公共权力的设立”,这个特殊的公共权力之所以需要,是因为自从社会分裂为阶级之后,居民的自动的武装组织已成为不可能,需要有常备军、宪兵队,以及物质的附属物——如监狱和各种强制机关。他举例说:“九万雅典公民,对于三十六万五千奴隶来说,只是一个特权阶级。雅典民主制的国民军,是一种贵族的、用来对付奴隶的公共权力,它控制奴隶使之服从;但是如前所述,为了也控制公民使之服从,宪兵队也成为必要了。”(同上书,第 167 页)

在阐明什么是国家、国家如何产生之后，紧密相联的便是国家财政问题："为了维持这种公共权力，就需要公民缴纳费用——捐税。……随着文明时代的向前进展，甚至捐税也不够了；国家就发行期票，借债，即发行公债。……官吏既然掌握着公共权力和征税权，他们就作为社会机关而驾于社会之上。"（同上书，第 167—168 页）

如果我们把研究的视角扩大到前述"广义财政"概念的眼界，那么便可知，实际上，伴随着原始公社演变为奴隶制国家，原始财政亦演变为国家财政，而且财政在这种过渡中也为国家的产生和稳固化提供了重要的经济条件：氏族、部落、公社首领掌握的公共分配权力，随私有制、阶级出现演变为对他所属阶级（统治阶级）的经济支持手段，而在阶级社会里，"任何社会制度，只有在一定阶级的财政支持下才会产生"（《列宁选集》第 4 卷，人民出版社 1972 年版，第 683 页）。这是原来纯公共性质的财政资源分配蜕变为非纯公共性质的过程，因为国家财政与原始财政最根本的不同是：原社会权力中心为主体的服务于公众利益的集中性公共分配，这时已变成统治阶级利益至上的分配，"共同需要"经常被处理为附从于甚至让位于统治阶级的需要。当然，从客观的必然性讲，满足共同需要的社会职能是不可能被抹杀的，完全无视共同需要的统治者将受到客观规律惩罚而无法维持自己及本阶级的统治——但是很显然：（1）这时的共同需要已经大大缩小，比如集体的娱乐和祭祀等活动，基本上排斥奴隶阶级等被压迫者；（2）统治阶级需要（基于生产资料的占有权）很自然地经常凌驾于共同需要之上，史不绝书的王室、统治者们的骄奢淫逸、滥用民力、挥霍无度乃至伤坏国计民生，就是明证。

从现有的史料看，国家财政的理财手段在古埃及、古希腊等地于国家形成后较早地采取了捐税形式，所以恩格斯在考察国家起源时明确地提到它，并且据说古希腊留有"只有死亡与税收无可逃避"的名言；

而在中国,则于早期主要采取(对外)掠夺财产、实物贡纳、力役、军赋等形式,一般认为捐税要迟至公元前594年(春秋时期的鲁宣公十五年)"初税亩"时方才出场,距我国第一个统一的奴隶制国家的形成已迟了一千五百余年;(另有学者认为是始自齐桓公十九年即公元前667年实行"案田而税",参见许廷星主编:《社会主义财政学》,四川教育出版社1987年版,第24页);若按对商人运销货物的"关市之赋"(出现于西周后期)计,距国家产生也迟了一千二百多年(王诚尧主编:《国家税收》,中国财政经济出版社1997年版,第28—29页)。但这种理财手段或工具上的区别,并不影响对古埃及、古希腊和中国各自国家财政性质的认定,而且在一些研究者看来,贡、赋、劳役等,也都可以认为是国家税收的初始形式(参见《洛阳市志·财政志》,中州古籍出版社1996年版,第175页)。

(四) 剥削阶级国家的财政

恩格斯说:"由于国家是从控制阶级对立的需要中产生的,同时又是在这些阶级的冲突中产生的,所以,它照例是最强大的、在经济上占统治地位的阶级的国家,这个阶级借助于国家而在政治上也成为占统治地位的阶级,因而获得了镇压和剥削被压迫阶级的新手段。因此,古代的国家首先是奴隶主用来镇压奴隶的国家,封建国家是贵族用来镇压农奴和依附农的机关,现代的代议制的国家是资本剥削雇佣劳动的工具。"(《马克思恩格斯选集》第4卷,人民出版社1972年版,第168页)这高度概括了在社会主义国家出现之前的各类国家的性质。与此相应,在这种种历史阶段上,国家财政的收支及管理,是以居统治地位的剥削阶级(或其代表集团)为主体的分配,在主导的方面都是为剥削阶级利益服务的。

关于奴隶制国家财政、封建制国家财政和资本主义国家财政的基本特点及演变线索，已有许多的研究者、不少的教科书作了考察和概括，其中一个较薄弱之处，是对奴隶制与封建制下的情况，尚少有东、西方的区别论述与对照。这里试将这些（包括中、外比较）作一简略概括的勾画。

1. 奴隶制国家财政

奴隶制国家财政依历史顺序是国家财政的第一种具体形态。奴隶制生产关系的基本特征是奴隶主占有生产资料，并占有奴隶本身（奴隶可以被当作"会说话的牲畜"买卖甚至屠杀）。

在东方专制主义的国度，如中国，国王是最大的奴隶主，国王及王室拥有全国的土地，即所谓"溥天之下，莫非王土；率土之滨，莫非王臣"（《诗经·小雅·北山》），进而又把土地和奴隶分封给各个奴隶主。王室的财政收入除了各受封奴隶主的贡纳等外，更大的部分一般来自直接占有奴隶劳动（力役、军赋等），以满足王室消费支出与祭祀支出、军事支出、国家机构支出，以及公共工程支出等。所以，在很大程度上，这种奴隶制国家的财政运作，是与直接占有奴隶劳动的过程混为一体的，国王的收支与国家的收支往往合二为一。

在西方，古希腊的雅典和古罗马等，在进入奴隶制社会之后，曾有过一段多种国家形式如民主共和国（全体自由民参加选举）、贵族共和国（部分享有特权的人参加选举）和君主制国家等与奴隶制并行不悖的历史，奴隶主阶级的政治代表人物不是世袭的"天子"，而是选举产生的执政官、元老院组织，以及恺撒这样事实上的"王者"（军事独裁的元首），或亚历山大大帝这样的君主；财产关系的具体形式也与东方不同，古罗马较早就形成了"国有土地财产和私有土地财产的对立形态"（马克思：《资本主义生产以前各形态》，人民出版社 1956 年版，第 17

页）；雅典在公元前600年左右，民间已普遍出现土地抵押、高利贷等经济形式（《马克思恩格斯选集》第4卷，人民出版社1972年版，第107页）；相应于此，财政上则较快形成了捐税形式和货币化分配手段。古罗马曾对各行省实行包税制，包税者可利用自己的垄断地位抬高税额，盘剥居民；后由恺撒实行改革，建立国家征收直接税的制度，但间接税仍沿用包税制；其后在安东尼王朝完全取消包税制；而于罗马帝国晚期，地主与手工业会团的保税制实际又类同于包税（许毅、陈宝森主编：《财政学》，中国财政经济出版社1984年版，第13—15页）。除税收之外，还有徭役、实物供应义务、军事掠夺、发行劣质货币等组织财政收入的形式和方法，借以维持整个国家机器的运转。

尽管有上述种种东、西方的差异情形，却并不能改变它们基本的奴隶占有制度和奴隶制国家的性质，也不能改变国家财政为奴隶主阶级利益服务的主导属性。可以看出，兴修大型水利工程等"公共支出"的客观需要，从统治者的主观方面而言，完全是按维持其统治的需要的角度来理解和掌握的，而且典型地表现为在东方（古埃及、中国等），其在支出的规模上，往往远不能与修建帝王陵墓（如金字塔）、宫殿（如"空中花园"）之类"非公共"的浩大工程相比；而从客观的方面说到底，这种"共同需要"与"独特需要"于排序和重点上的区别，是当时历史条件下生产力所决定的生产关系在分配关系中的体现。

2. 封建制国家的财政

封建制是人类历史上在生产方式演变中取奴隶制而代之的第二大类型的剥削制度。封建制生产关系的基本特征是封建主（领主、地主）占有生产资料和不完全占有生产工作者（农奴、佃农等）。封建主对生产者虽然不能再屠杀，但仍有基于人身依附关系的超经济强制。在构成基本的阶级对立的上述两方之外，还有佃农和手工业者等所构成的个体生产者存在。

封建制国家及生产方式的具体形态在不同国度,特别是在东、西方之间也有差别。历史上欧洲有典型的农奴制,即农奴一部分时间在自己私有或租来的田地上工作,另一部分时间在主人的田地上无偿劳动;而在中国,一般认为进入封建社会之后,主要或普遍的情况是佃农把租得土地上收成的很大部分作为地租向地主交纳。

封建制的国家财政比之奴隶制时的国家财政而言,在收入形式方面趋于多样化,除贡纳、劳役、赋税之外,还有由官田、铸币权等而生的官产收入,政府对某些产品实行垄断经营而生的专卖收入,并(主要在西方)出现了国家向民间举债取得的公债收入。在支出方面,除皇室支出、国家机构支出、军事支出、宗教支出、公共工程支出等项之外,也相应出现了公债还本付息支出。封建制下,东方国家君主的私人收支与国家收支不再直接混合于一体,因而财政管理体制也趋于分层框架。即使在中央集权的情况下,地方也拥有一定的财政自主权(参见黄仁宇:《中国大历史》,生活·读书·新知三联书店 1997 年版,第 122—123 页)。

在中国的封建社会历史(典型的与西方封建制概念对等的形态,一般认为存在于春秋战国,可部分上溯至周朝,而秦以后直到清,只有约定俗成的意义,实为明显有别于分封诸侯邦国的大一统中央集权制了)中,仅财政的主要收入形式——赋税,就曾经历许多的变化。“初税亩”为“履亩而税”,即按亩计征的地税(财产税),同时还有按户(家庭)、按丁(人口)计征的税收与徭役,以及其他杂税。至唐初,在均田制基础上实行租庸调法,使古时延续下来的所谓粟米、力役、布缕“三征”比较完备而适度:唐末改行两税法,地税征粮,户税征钱,反映了从实物税向货币税的过渡。明代后期推行一条鞭法,各种税收徭役一律合并征银,使货币税确立为主流。清朝“摊丁入地”(丁银摊入地税),则在制度框架上完成了人头税归入财产税的过程。这些形式的演变,都反映着生产力发展所带来的社会经济生活的变化和商品、货币关系的渐趋生长，但国家政权借助这种种形式筹集收入以应支出需要来实现其职能的性质，是在其中一以贯之的；国家政权维护其所代表的地主阶级对农民的剥削压迫的性质，也是一以贯之的。

有这样带有一定循环重复性的现象：在中国历代封建王朝的兴衰交替当中，于各朝代的初期，统治阶级往往执行所谓“让步政策”，总结借鉴历史经验，实施轻徭薄赋，让农民得到一定的休养生息（最典型的如著名的汉初“文景之治”、唐初“贞观之治”的政策）；而随着统治阶级及其官僚体系骄奢淫逸行为的滋长，轻徭薄赋渐被放弃，代之以愈益加重的横征暴敛，结果民不聊生，激化阶级矛盾和加剧各朝代中后期的没落，直到其最后的覆没。

封建社会的国家财政当然也负有满足“共同需要”的公共职能，但其主导性的职能在于维护阶级的统治和满足统治阶级的特定需要，这与前述奴隶制社会的情况相似而同理。

3. 资本主义的国家财政

随商品经济和市场经济发展到一定阶段，资本主义生产关系产生并发展起来，引致由资产阶级取代封建主阶级的政治统治，形成人类历史上又一类型的剥削社会。资本主义生产关系的基本特征是资本家占有生产资料，雇佣工人向资本家出卖劳动力。社会生产力在资本主义下有空前的增长。后来，社会化大生产中出现了股份制这种资本积聚和集中的形式。在现代发达的资本主义国家，农业、工业之外的“第三次产业”正明显地扩大其比重，工农、城乡、脑力劳动与体力劳动之间的差别也显著缩小。

资本主义国家财政的收支与管理形式，有多方面的发展，货币化程度大大提高，在管理体制法治化的基础上，税收趋于体系化、规范化，公债成为十分重要的财政手段，预算收支程序与管理制度比较严格清晰，议会的制约监督比较有力，社会公共支出与福利支出有很大发展。在初始时的自由资本主义阶段，政府职能范围比较收敛，趋向于所谓“守夜人”式的廉价政府，然而进入垄断资本主义阶段，特别是国家垄断资本主义有所发展之后，政府职能扩展，财政收支占国民生产总值的比重有明显扩大趋势。自20世纪30年代“凯恩斯革命”和“罗斯福新政”后，“加强国家干预”不论在理论上还是实践上，都成为资本主义国家经济管理与调控的主流，在财政上表现为有意识地运用赤字手段兴办公共工程等，以刺激需求，克服国民经济中周期性生产过剩危机的破坏性冲击，并通过税收、转移支付等再分配手段调节居民和区域间的收入差距，加强社会保障体系的作用，以及注重在财政配合支持下实施政府产业政策对经济的引导。第二次世界大战之后，相当一部分资本主义国家曾推行“国有化”，提高国有企业在国民经济中的比重；虽80年代前后又反其道而行“私有化”（很大程度上是“股份化”），但国家及国家财政在经济与社会生活中的作用，仍然明显高于资本主义的初、中期，财政政策则被认为是政府调控经济最重要的手段之一。

资本主义来到世间，曾有“从头到脚，每个毛孔都滴着血和肮脏的东西”（《马克思恩格斯全集》第23卷，人民出版社1972年版，第829页）的原始积累时期，其后，又经历过长期而激烈的劳资冲突以及海外殖民掠夺中与民众的严重对立。克拉克说：“资本主义不仅是一种商业的事体，一半是征服占领，也可以说一半是对缺乏抵抗能力的土著所加的一种抢劫。”（转引自黄仁宇：《资本主义与二十一世纪》，生活·读书·新知三联书店1997年版，第127页）但是，应当看到，其后资本主义有一系列的调整变化。在进入较发达阶段之后，特别是在新技术革命突飞猛进的近几十年，典型资本主义国家中总体的社会文明程度得到了很大提高，以社会保障、居民福利制度为代表的收入再分配在缓和阶级矛盾方面发挥了重要作用，对殖民地的宗主国身份已大为减少和淡化（更多地转为经济性的控制）乃至走到基本完结，显示出资本主义生产关系所能包含的发展生产力的潜力还没有发挥净尽，也表明资本主义在经过一系列的调整之后，于协调内外部矛盾、减轻对立方面，取得了不小的成果。

但是，这些却并不能否定资本主义社会之剥削社会性质：生产资料的绝大部分，仍然掌握在社会成员中的小部分人手中，资本家对剩余价值的攫取只是采取了表面上较为文明的形式，资本主义“自由、平等、博爱”的精神，在现实生活中仍然落在马克思所总结的最根本的一点之上：“平等地剥削劳动力，是资本的首要的人权”（《马克思恩格斯全集》第 23 卷，人民出版社 1972 年版，第 324 页），实质即是仍可凭借生产资料的所有权无偿占有他人劳动。资本主义的国家财政，的确更为理智地从事于公共工程等“公共财”的提供，但其在担当一定的“共同需要”职能的同时，更主要、最基本的导向性，仍在于维护资本的主导，满足这个制度中统治阶级的需要。“国家既进入资本家时代，资本家则为国家之主人，一切以他们为本位”（黄仁宇：《资本主义与二十一世纪》，生活·读书·新知三联书店 1997 年版，第 193 页）。政府的理财（国家财政），不可避免地是服务于这种本位的工具——这一切的根源即在于占统治地位的资本主义的所有制。也正因为如此，当资本剥削制度受到某种威胁时，资本主义的国家机器做出反应是毫不含糊的。比如，以军警对罢工、游行工人的镇压；当航空公司员工联合罢工时，政府动用军队的航空人员接替，等等。这后面财政的支持作用一目了然。

综上所述，从奴隶制、封建制的国家财政运作到资本主义的国家财政运作，虽然外在表现形式、具体收支方法和管理的体制、方式等等有诸多变化，但这些都具有一条共性的客观规律：它们都是由当时占统治地位的生产关系所决定的剥削阶级国家掌握的理财工具，一般而言，在履行一定的社会公共职能的同时,都以满足剥削阶级统治的需要为首要职能。(但是,这也并不排除特定时期、特定情况下,整个人类社会由于自然界中抵御灾害维系共同生存的需求或民族间的矛盾,可以超越阶级对抗矛盾而上升为主要矛盾,从而社会共同需要的首要地位成为此时出现的一种特例。)

(五)社会主义的国家财政

目前,社会主义的生产关系并不能在旧社会体内自发地产生并取得统治地位,迄今历史上出现的社会主义国家都是通过无产阶级领导的革命武装斗争推翻旧式的剥削阶级统治而建立起来的。(关于通过"议会斗争"取得政权、实现社会主义革命目标的设想,即使从未来的可能性上不予排除,也必定要发生统治阶级的更替,引出生产关系的质变。)

与马克思恩格斯的设想有所不同,社会主义社会不是首先出现在那些最发达的西方资本主义工业化国家,而是出现在欠发达的东方国家。

由于我们目前尚处于并将长期处于社会主义初级阶段,即处于社会主义初始的不发达形态,社会主义的一系列实践和理论问题,都还在探索之中,所以对社会主义的许多具体认识只能是初步的、不成熟的,但是从最主要的生产关系特征来说,可以明确认定:社会主义是以公有制(现可看到的前沿形式是形成"资本社会化"局面的"现代企业制度"的代表形式——股份制)为主体的、以消灭剥削为导向的社会制度。社会主义初级阶段的生产力还是相对低下的,又是不平衡的、多层次的,由此决定的生产关系也是有层次的、多样性的,或曰:"多元"的("多种所有制形式和经济成分并存"的),但在多种所有制成分中,却客观地存在一种与先进生产力相联系的"普照之光",这个普照之光便是由生产社会化的必然发展趋势所决定的公有制生产关系。在进入社会主义社会、公有制成为主体和主导的情况下,与多种经济成分这种所有制的“多元”并行不悖的,是社会主义生产方式的“一元”,即社会形态在社会主义性质上的总体定位。公有制为主体和主导,决定着社会主义“共同富裕”目标具有客观性,即社会主义社会是以一种制度安排和以一个历史过程,导向社会成员间消灭剥削和消除两极分化。有的论者提出以“社会公平”而不是以公有制为本质标志判断社会主义(如董辅礽,参见1997年9月9日《中国经济时报》),我认为这在理论上是无法成立的。“公平”概念本身其实极度模糊,马克思早已在《哥达纲领批判》中深刻地指出:“难道资产者不是断言今天的分配是‘公平的’吗?难道它事实上不是在现今的生产方式基础上唯一‘公平的’分配吗?难道经济关系是由法权概念来调节,而不是相反地由经济关系中产生出法权关系吗?难道各种社会主义宗派分子关于‘公平的’分配不是有各种极不相同的观念吗?”(《马克思恩格斯选集》第3卷,人民出版社1972年版,第8页)须知,只有以生产资料所有制为核心的生产关系的性质,才是决定社会形态性质的最主要标志,也才是决定分配(及其“公平”与否)的基础;如果否认了就全社会来说以公有制为主导这一条,就没有什么社会主义可言。但是公有制的实现形式,却不能囿于传统体制下的“国有制为最高代表”(亦称“全民所有制为最高形式”)和仅国有制、集体所有制并存之说,特别值得注意的是股份制的发展及其成为“公有制主要实现形式”的前景与性质认知。

正由于社会主义社会在阶级社会中第一次以公有制为主取代私有制,所以与以往剥削阶级统治的社会已有了某种本质的不同社会主义国家也与以往的国家有了某种本质的不同。按照社会主义制度的内在逻辑,这时的国家其实不是要巩固阶级的统治,而是要经过一个过渡阶段(现在看来这将是一个相当长的历史阶段)在不断解放生产力和使物质财富空前增长、极大丰富的基础上，引出无阶级的社会和导致国家的消亡。现阶段工人阶级（通过共产党）的政治统治，是代表最广大人民群众根本利益的公众事务管理，当所有制的社会主义改造基本完成之后，作为人民民主专政对象的敌对分子，已失去了其完整的阶级形态。经过逐渐的演化，人民民主专政最终要引向完全消灭阶级差别和消灭其自身。所以，列宁曾称社会主义的国家为“半国家”（《列宁选集》第3卷，人民出版社1972年版，第185页），指出在向无阶级社会过渡中“实行镇压的特殊机构，特殊机器，即‘国家’，还是必要的，但这已经是过渡性质的国家，已经不是原来意义上的国家”（同上书，第248页）；认为国家消亡过程要经历“政治国家→非政治国家→国家完全消亡”三个阶段（《列宁选集》第4卷，人民出版社1995年第三版，第164—166页）。当然，现实中社会主义国家的具体情况，要比上述原则性的描述复杂得多，但作为一种大的历史走向的分析和勾画，这种原则性描述仍然是必要的。这也是本文在前面提出广义财政概念时论及无阶级、无国家社会中的公共分配财政的理论依据之一。

社会主义国家的财政，在计划经济体制中，曾在主要收入中采取过国营企业利润上交形式，并且把国营企业折旧基金也纳入财政收入范围作全局性、集中性的调节；在支出中则承担了大量的生产建设职能。这些后来发生了很大变化。在我国进入社会主义时期之后，财政于各个具体时期均发挥着支持经济与各项社会事业发展的重要作用。在完善社会主义经济管理体制的努力中，财政体制也在试验和探索。20世纪80年代以来的改革开放进程中，我国的经济体制逐步由计划经济转向社会主义市场经济，财政收入、支出形式与结构随之发生了一系列重大变化，体制上则经历了一系列的变革，并以1994年的财税配套改革形成财政运作向市场经济转轨的一个里程碑。现在已可以十分清楚地看出，社会主义的国家财政必须继承、吸收资本主义国家财政的一切有用的形式,并积极借鉴资本主义发达国家一切属于全人类文明成果的制度规范、运作方法和调控经验,结合社会主义实践的深化与具体国度内经济、社会的发展而不断改进、完善其自身。

对于社会主义财政来说,在履行社会公共职能,满足"共同需要"的同时,它也必然把为国家实现其职能服务和为人民民主专政的历史任务服务置于首要位置;而共同需要与国家需要这两者在社会主义条件下正在逐渐消除对立成分,趋向紧密结合与相互融合,最终将成为一体,归入"天下大同"境界(即马克思、恩格斯于《共产党宣言》中所设想的"自由人的联合体"境界)。财政分配全力支持经济的增长,国家的安全,法律制度的完善,文化、教育、科技、医疗水平的提高,社会保障体系的健全,环境保护事业的发展……都要基于社会主义生产关系所树立的消灭剥削制度和提高人民物质文化生活水平,实现共同富裕的总体导向,并为这个前景服务,同时这也是符合并代表全体人民群众根本、长远利益的。但在趋向"大同"的波动式、迂回式演进过程中,也不排除某些时候社会矛盾、阶级矛盾可能会有激化表现,而这时财政则必然成为"国家需要"的坚决维护与贯彻的力量。

(六) 财政现象与财政本质的概括

1. 关于财政现象形态的概括

综前所述,人类社会历史上迄今已出现和存在过原始财政、剥削阶级统治下的国家财政(其中包括奴隶制、封建制和资本主义的国家财政)以及社会主义的国家财政。以最基本的分析考察,首先可以引出对于财政现象形态的简要概括:财政,是以社会性的权力中心为主体,以社会总产品(主要为其中的剩余产品)为客体、带有集中性特征的理财活动。以经济学的语言说，这便是社会权力中心以自己的活动参与资源配置作为主体运用“公共权力”，配置的是“公共资源”。进入阶级社会而产生国家、以国家作为权力中心的情况下，财政是以国家政权为主体的理财活动，即国家财政。

历史上虽然决不排除统治阶级横征暴敛超出剩余产品范围而涉及必要产品的情况，社会主义国家财政还曾一度把国营企业的折旧基金也纳入财政收支管理范围，但从财政产生和存在所必需的经济性前提来说，也是从财政运行中最主要的、经常性的财源覆盖范围来说，财政主要是对于部分剩余产品的集中性分配——有了剩余产品及其量的增长，才具有了财政存在的经济性前提。与此同时，财政的产生与存在还有其政治性的前提:存在社会性的权力中心。当然，经济发展是政治发展的本源，归根结蒂是生产力水平和经济基础决定了人类公众事务管理和政治活动的形态，是剩余产品的出现决定和推动了社会性权力中心的产生、发展及其对于可分配剩余产品的集中性理财活动。因此，财政的经济前提是第一性的，政治前提是第二性的。同时还要看到，虽然在财政分配中，实际可作集中性分配的社会产品主要出自剩余产品的一部分，但这样的“一部分”却是从社会总产品这个“总体”中划分和“扣除”出来的，即集中性财政分配的对象，首先是通盘的，然后才落实到具体的局部之上。在这个意义上，可以说，财政分配主体对“一部分”的集中分配，存在于其对社会全局分配做出的“总揽”背景之中。同时，财政分配主体还会对集中性分配之外的其他分配做出某些规范和制约，并且越是接近现代，这一点越为明显，覆盖面越广越完整——这也可以归结为在分配全局上的总揽:财政对于“公共资源”的配置，必然内在于和牵动、影响、调节整个社会经济资源的配置，相对规范、完整的财政分配活动，已具有“全域国家治理”的功能、作用、特征。

现代国家财政，是国家政权作为分配主体总揽全局情况下，对代表社会总产品和国民收入中以剩余产品为主的某个份额的部分货币资金,加以集中性的筹措和使用,具体表现为国家财政收支及相应的管理活动。历史上曾经广泛使用过的非价值形式的政府理财,包括实物形式和劳役形式等,在近代、现代已基本上排除(说“基本上”便不是全部。比如,直到20世纪80年代前期,我国的农业税还采取“公粮”这种实物形式)。通观全过程,财政现象的发展演变中,价值形式逐渐居于主导并取代非价值形式,故不论价值形式还是非价值形式,都不单独构成古今中外财政现象的共性。

国家财政收支活动是以国家政权为主体的财政运作手段,它当然要反映国家活动的方向和意图,为国家实现其职能服务,或曰:为掌握国家政权的统治阶级的需要服务。但是,不能否认,它也会在一定程度上反映社会全体成员(各个阶级)的共同需要,明显的例子如防治自然灾害、保护环境等。“共同需要”之所以在这里必定占有某种地位,从客观方面而言,反映着社会再生产基本条件(人类在自然界中的生存等)的必然要求;从主观方面而言,则第一反映着统治阶级对人类社会共同生存环境及其制约的认同(西方财政理论关于“公共产品”的特性——效用的不可分割性、消费的非排他性与受益的非竞争性,很有助于我们从技术层面上分析说明此类共同需要的形态及满足它的手段。同时这也说明,“公共产品”概念的适用范围以“共同需要”为限;在资产阶级革命之后,乃至社会主义的演进过程中,合乎“历史与逻辑”的表现,是财政“公共职能”在趋于比重扩大,“公共财政”有从形式到实质的进展);第二反映着统治阶级需要向被统治阶级需要做出的一定程度的妥协或二者某种方式的结合(前边提及的我国历史上封建王朝曾实行过的“轻徭薄赋”,资本主义财政中调节收入悬殊的再分配、转移支付、社会保障等,都是这方面的例子)。因此,自告别无阶级社会原始财政中“共同需要”的唯一性之后,财政收支活动既要满足“统治阶级需要”,又要满足“共同需要”,便成为通例。但在不同的历史阶段和不同情况下,两方面的具体搭配却可以各不相同:随不同条件下阶级对抗因素的消长,“共同需要”所占份额也会相应有所增减。总地说来,阶级社会各形态中决定“共同需要”的客观因素始终如一,但随人类文明的发展及统治阶级“教化”(理性化)水平的提高,决定“共同需要”的主观因素会逐渐变得强一些。尤其在进入社会主义社会之后,情况更有重大的变化:在从社会主义社会至未来无阶级社会的过渡中,“共同需要”将在总体上呈明显增长之势——原则地说,工人阶级领导的人民民主专政国家的需要,代表着最广大人民群众的长远、根本性需要,“统治阶级需要”将在国家消亡过程中越来越多地融合于社会成员的“共同需要”之中。历史的可能远景,是以“否定之否定”的“螺旋式上升”,最终在高级形式上重现原始社会阶段的“公共财政”特征与形态。

2. 关于财政本质的概括

前面关于财政现象形态的概括性认识,已引出关于财政的存在与剩余产品和社会权力中心的关系、财政收支与价值形式的关系以及国家财政与国家需要和社会共同需要的关系等等若干重要抽象,而进一步的抽象对于我们的研究是完全必要的,并且在经过前面的抽象而后,也已“呼之欲出”——这个抽象集中到一点,即是关于财政本质的抽象和概括。

财政的本质,是在其种种繁复纷纭的现象形态后面掩盖着的某种带有集中性特征的分配关系,是一个客观经济范畴。这种分配关系,是生产资料所有制起决定性作用的广义社会生产关系的一个组成部分,即生产、分配、交换、消费四个环节构成的广义生产关系链条中分配环节的一个组成部分,它内在于社会再生产之中。当生产力发展到一定水平后,由集中性的分配来配置社会总产品中剩余产品的或大或小的一部分，成为总体的社会再生产及人类社会生活的客观必要，于是这种集中性的分配关系便产生、形成了。

在国家产生之前，财政分配关系的现实运作以社会性权力中心（如氏族、部落、公社的首脑和决策机构）为主体，国家产生之后，便转为以国家政权为主体。财政分配主体所制定的财政政策、财政制度等，是客观的财政分配关系见之于主观的产物。财政分配关系在历史演变中随生产力和广义生产关系的发展而由低级向高级发展，人们是不可能改变其总趋向的。换言之，深层的（生产关系意义上的）分配关系在某一具体生产方式下无可塑性与可选择性，不以人的意志为转移；然而，财政政策、制度等却是由掌握决策权力的人们确定的，具有可塑性与可选择性，可以体现出不同的趋向，并有高下之分、优劣之别。几十年间，我国学术界曾长期争论“财政是经济基础还是上层建筑”，我认为解题的关键就在于要把笼统的“财政”概念区分为财政分配关系与财政分配手段两个层次。财政分配关系的基本规定性取决于生产关系的基本规定性，并构成生产关系总和的一部分，属于经济基础，即使是看起来“全能”的国家对此也不能加以改变，无法为所欲为，因为国家本身正是树立于这种经济基础之上的，是占统治地位的主导的生产关系的政治体化物；而财政分配的手段（政策、体制、工具等），其行为主体在阶级社会中是国家，属于上层建筑，它们取决于并反映着包括财政分配关系在内的经济基础，而且在一定限度内对经济基础发生能动的、有时甚至是相当重大的反作用。换言之，国家政权对财政分配手段掌握得当，可以促进经济基础的巩固和发展；反之，可以加快其经济基础的瓦解。

有的研究者曾重点考察过国家财政政策和制度的意图上的单向性与作用上的双向性。贾广禔在《财政属性辨》中指出：“统治阶级运用财政，动机无疑是为了有利于本阶级的统治，但形势、任务因时而异，后果有时也会乖乎本意,这不完全依统治阶级的愿望而定。历代如此,我国三十多年来的情况也不例外”,所以“财政的作用是双向的,而财政政策的意图是单向的”(《财政本质论文选》,中国财政经济出版社 1984 年版,第 331 页)。虽然在这里作者仍使用笼统的“财政”概念与“财政政策”概念相区分与对应,但其核心观点已逻辑地引向如下认识:财政政策、制度和调控的“作用”能否与政策设计的“意图”相吻合,完全取决于这种意图本身及贯彻意图的财政分配手段的运用,是否符合财政分配关系适应生产力发展的客观要求。

必须强调,对于财政分配关系与财政分配手段的区分是至关重要的。分属经济基础与上层建筑的两者,相互间一个是本原和本质,一个是工具与形式;一个是根本性作用和必然的决定作用,一个是派生性作用与能动的反作用。认清这一区分,才能避免如下三种认识偏差:一种认为财政仅仅是上层建筑和国家的经济杠杆,是完全顺从政权意志的,“财政有同法政、军政一样,是附在国家机器上的意识形态力量。财政所体现的社会关系,不是人们的物质关系,而是人们的意志关系”(许方元:《关于财政的本质问题》,《财政本质论文选》,中国财政经济出版社 1984 年版,第 317 页),因而导致“纯主观意志”论。另一种认为财政全然是再生产内在环节,与上层建筑无关,进而认为税收也与国家机器无关,不由国家权力决定(《谷志杰博士》,《涉外税务》1997 年第 7 期),因而导致“纯客观因素”论。再一种认为财政既属于经济基础,又属于上层建筑,结果成为逻辑上的“死结”,陷于某种“二元论”(董霞飞:《试论国家财政与社会基本矛盾的关系》,《财政研究》1996 年第 10 期)。所以,把财政的本质归于分配关系、进而把财政分配关系归于经济基础,同时把财政现象中的收支、政策、制度等归于财政分配手段、进而把财政分配手段归于上层建筑,这样理清两者相互间关系上孰为决定性因素,孰为能动的反作用,才能既脱离纯主观意志论的迷误,又防止纯客观因素论的偏颇，并且避免“二元论”的尴尬，为我们正确认识财政本质和财政调控，提供坚实的基点。

有的研究者认为财政信用仅仅是交换而非分配（王达：《重新认识财政范畴》，《经济研究》1994 年第 3 期），这至少是严重的误解。一般所说对生产、分配、交换、消费诸环节的划分，是就社会物质产品的运动而言。分配指生产出的社会总产品依财产关系在社会成员间的划分，交换指社会成员通过流通取得各自在使用价值形态上所需的产品。当我们的考察由物质产品运动的层次上升为货币一般等价物运动中的借贷活动（即货币信用）的层次，已决然不能限于表面上资金占有的换位（所谓“有借有还”）而把其看作单纯的交换（流通现象），而必须去认识信用活动中依据资金所有权出让其使用权而形成的特定的分配关系。如马克思所指出的，“在交换即物品交换发生时，不会发生价值变化”，然而货币的借贷则会“改变已经包含在这个价值中的剩余价值在不同个人之间的分配。”（《资本论》第 3 卷，人民出版社 1975 年版，第 387 页）财政信用作为货币借贷的一种形式，当然也无出其外。

3. 简要的结论

通过前面从历史到现时、从现象到内部联系的分析考察，我认为可以把关于财政本质的抽象，归结为如下认识：

财政的本质，是由当时的社会生产力和社会主导的生产关系所决定的一种带有集中性特征、以社会总产品（主要是其中的剩余产品）为对象的分配关系，是该时代的广义生产关系的一个组成部分。这一有别于以往关于财政本质诸种定义的认识，即可概括为“社会集中分配论”的认识。

国家财政的本质，是上述“财政一般”的本质在阶级社会中的特性化、具体化，即集中性分配的主体由国家充当——换言之，国家财政的本质，是由各类阶级社会生产方式中居主导地位的生产关系所决定的、以国家政权为主体并在主体总揽全局情况下、主要以社会总产品中社会剩余产品为对象的分配关系。

至于社会主义财政的本质，则是在建立社会主义公有制之后、国家消亡之前的历史阶段，“国家财政本质”的一种特性化、具体化，即是由成长、完善中的社会主义公有制这种主导的生产关系所决定的、以人民民主专政的国家政权为主体的、在主体总揽全局情况下、主要以社会总产品中社会剩余产品为对象的、主要采取价值形式的分配关系。

各个时代的财政收支及相应的管理活动，是上述本质的现象形态，于原始社会中纯然反映着社会成员的共同需要，自进入阶级社会后，则体现着掌握国家政权的统治阶级的需要，以及这种统治阶级需要与被统治阶级需要在一定程度上的彼此妥协、相互制约与相互结合。

至此，本文上篇的分析考察，一言以蔽之，已揭示了由生产力和占统治地位的生产关系所决定的、以社会权力中心为主体的分配关系，是所有财政现象的深层本质。本原的财政分配关系决定着派生的财政分配手段。人们在日常生活中所说的“财政”，往往是一种笼统的泛称，既可指本原层次的财政分配关系，也可指派生层次的财政政策、制度、工作、部门、收支等等，需在不同场合、不同上下文关系中具体确定其何所指。作为现象的财政收支、管理，要运用政策、制度等等，既是财政本质的外化，也是财政职能作用得以发挥的过程，即社会权力中心为实现其职能，在总揽全局的情况下，运用财政分配手段对社会总产品、国民收入的一部分（主要为剩余产品的一部分）实行分配，从而能动地影响、调控经济与社会、成为国家治理基础和支柱的过程。在国家财政分配主体的意愿上，调控是为了巩固、维护其政治统治及其经济基础，但实际的调控则可能如愿、亦可能相反，关键在于主体是否能顺应生产力、生产关系、分配关系的客观规律要求。

关于社会主义初级阶段有中国特色社会主义财政的本质，将是本书关于财政一般、国家财政、社会主义财政本质认识的进一步延伸。其中，除了共性内容之外，使最为关键的个性内容得到正确概括的前提，是要对于社会主义初级阶段不断发展演变的社会状态、中国基本国情和经济体制模式与发展模式“两个转变”的历史进程，做出深入、透彻的分析把握，并将所有这些对于财政内在规定性的客观要求及相互作用，有机结合在一起，在本质的深度上勾画清楚并表述明白，进而正确认识和把握由财政本质外化、决定、派生的财政功能作用与调控管理。向这个方向自觉地做出努力，是理论研究工作者的责任，以求深入地认识规律，发挥理论指导实践、服务实践的作用。

下篇　财政职能作用与调控

一、财政职能及社会主义初级阶段市场经济的客观要求

（一）财政职能作用：财政本质的外化

上篇中我们通过对现象的分析和从特殊到一般的抽象，已达到了历史与逻辑相结合、相统一的关于财政本质的概括；现在变换角度反过来考察，抽象的财政本质这种深层内在规定性的外化，即财政发挥其功能作用的动态过程，表现为财政收支与管理对于经济与社会中所有关联事物的影响。

这里所谓外化，包含着内在规定转为外部活动、客观分配关系见之于主观后再作用于客观之意，其间财政分配主体必然加入了能动性因素，但财政功能作用的本原仍深深扎根于财政分配关系之中。对于财政本身具备并注定要在某种程度上加以发挥的功能，我国学术界习惯地称之为财政的职能；职能实现的结果即财政的作用。在讨论具体、特定的国家财政职能与作用之前，有必要先在最一般的共性层次上概括国家财政职能作用的基准方向或主干线索。

我国财政学者们曾对于财政职能做出过“两分法（分配、监督）”、“三分法（分配、调节、监督）”、“四分法（筹集资金、供应资金、调节、监督）”等不同的概括（姜维壮主编：《当代财政学主要论点》，中国财政经济出版社 1987 年版，第 130—136 页），近年马斯格雷夫的“三分法

(资源配置、收入分配、稳定)”又产生了较大影响。而我认为,从逻辑上讲,如果基于前面关于财政本质的概括性认识,国家财政职能作用的基本点和主干,必须也只能首先从分配的角度来阐明,即社会再生产基本环节内在的分配关系,外化出能动的分配职能及作用。以国家政权为主体的分配关系,必然要产生借助特定分配手段的分配运作过程,从而发挥分配功能,由此派生其他一系列的职能作用:国家财政的配置资金与资源、调节控制、监督管理,乃至维护社会稳定、促进国际收支平衡之类特定的职能作用,无不以此为本。简言之,财政分配职能派生出其他一切职能。其实这一思路欧阳志高已于80年代初以“一带四”的方式提出,认为“财政的职能实质上是分配的职能,从分配的职能派生筹集资金、供应资金、调节平衡、反映监督的职能”(《财政研究资料》1981年第47期,第12页)。

财政分配职能的实际发挥,必须通过财政资金收支进行,所以必然导致由资金收支带动社会经济资源在不同经济部门和不同政府级次、行政事业单位、企业、居民等各类社会经济主体之间的某种利益配置,进而也牵动使用价值形态的社会产品在社会成员间的交换、选择与组合(亦属配置);同时也必然导致分配主体对社会与经济生活的调节;而且收与支的过程,也成为对所涉各类主体的行为加以监督与规范管理的控制过程。因此,财政最大项的职能可概略地表示为:

分配(政府取得收入,用于支出)→
- 资金(资源)配置
- 调节
- 监督

由分配派生的这三大方面又都可以细化,如资金配置可细化为筹集资金与供应资金;调节可细化为调节经济的总量、调节经济的结构、调节收入分配、调节地区差异……;监督可细化为政府预决算监督和企事业财务监督,等等。

这些职能既有所区别又紧密联系,它们所实现的结果即是人们常说的财政作用。配置、调节、监督三大方面职能的实现结果无疑是多方面的,且范围十分广泛的,可扩展至“全域国家治理”覆盖面的,但都是财政分配主体对于分配所涉的各类行为主体的行为与结果的调节与控制,我们在总体上可以将它们合称为财政的调控作用。

总之,财政的本质外化出财政职能,财政职能以分配为主线而派生出配置、调节与监督三大方面,职能实现的结果体现为财政作用,内容广泛的财政作用有待于作具体分析,但在总体概念上可把握为财政的调控作用。这种调控管理,不论从应然还是从必然的角度而言,都是服从于、服务于经济社会治理全局的,但其实际作用结果如何,取决于其主体认识和顺应深层规律客观要求的水平如何。

(二) 政府职能及财政职能范围:共性与个性

国家财政分配以国家政权(各级政府)为主体,是为政府履行其职能服务的。财政所带有的集中性分配特征以政府所持的公共权力为依托,又借此贯彻政府职能,发挥调控作用。但是,这决不意味着政府调控万能,决非可以任意提高集中程度和任意规定政府职能范围。政府和财政部门如果违反植根于经济基础的财政分配关系的客观规定性,不论是在扩大职能还是缩减职能的方向上,都会受到客观规律的惩罚。

上篇中曾简略考察过古典学派提出的国家职能论,援引了约翰·穆勒划分两类国家职能(“必要的职能”与“选择的职能”)的重要思想。虽然理论上可以做出这种划分,但关于政府职能的具体范围,却一向是个争议中的问题,并且在当代益发引人注目。世界银行 1997 年世界发展报告《变革世界中的政府》把政府的基本问题归结为:“它的作用应该是什么，它能做什么和不能做什么，以及如何最好地做这些事情。”（《变革世界中的政府》，中国财政经济出版社 1997 年版，第 1 页）中国改革实践中人们常说的类似认识，是“政府职能既不应越位，也不应缺位，越位和缺位都属错位”。这些构成了一个复杂而宏大的课题。应当看到，关于政府职能范围的答案在各国、各历史阶段不可能一律，但在每一特定的条件下，客观上必存在某种适当、合理的尺度，即符合特定的生产力与生产关系要求、适应诸种现实制约条件、有利于最有效地发挥政府作用的那个限界，问题在于如何认识和把握它。

从实证的数据看，瓦格纳的“政府活动渐增规律”（国家经费增长规律）在 20 世纪继续得到验证。OECD 国家政府总支出占 GDP 的比重由 1913 年的不到 10% 上升为 1960 年的接近 20%，而 1980 年已超过 40%，至 1995 年接近 50%；发展中国家的这一比重 1960 年在 15% 左右，而 1990 年超过 25%（同上书，第 2 页）。在这一套数据所反映的政府活动规模与职责扩大后面，实际存在着一个重要的定性的划分，即其中一部分覆盖的是古今中外所有国家职能和与之相应的财政职能的共性部分，而另外一部分覆盖的是各国这种职能的个性部分。

一般而言，共性的内容相对容易得到肯定。按照世界银行报告的归纳，政府至少有如下五项基础性任务必须担当：

——建立法律基础；

——保持非扭曲性的政策环境，包括实现经济的稳定；

——投资于基本的社会服务与基础设施；

——保护承受力差的阶层；

——保护环境。

这种具体的归纳表述仍是可讨论的，但诸如此类的“基础性任务”的性质，无疑属于政府职能和财政职能的共性部分，属于维持社会不致解体的硬性规则环境和满足社会全体成员“共同需要”的公共产品。

这样,共性的职责实际上还可以划为两个层次:

1. 国家机器的运转(包括行政、国防、外交等),法律体系(包括法律的设立、执行与配套的机关等),政策体系(包括政策的制定、贯彻与政策环境的维护等)。严格说来,这些全然或在一定程度上并非公共产品,而是体现统治阶级与统治阶级决策集团意志和意图的上层建筑。它们以特定的经济基础为本原,带有凭借政治权力的全部的或部分的强制性,但这类职能可以归入古今中外政府与国家财政职能的共性范围。

2. 公益事业(公共服务与基础设施),以转移支付(调节社会成员及地区间差异)维持全社会稳定,保护环境,等等。这些属于满足社会成员"共同需要"的公共产品,它们在效用上不可分割,在消费时不具备竞争性,在受益上不具备排他性,故无法在市场规则下由非政府部门的厂商有效提供,而必须由政府提供,由财政通过资源配置、收入再分配和监督管理来提供。这些也属于古今中外政府与国家财政职能的共性范围。

现实生活中,所谓公共产品与非公共产品之外,还存在某些介乎二者之间的事物,如地表水的灌溉,具有非排他性但具有竞争性;道路,不拥挤时为公共产品,拥挤时可转化为非公共产品,并且由于市场和技术状况的不同,转化的具体界限也是因时因地而异的;教育和医疗保健,直观地看对某些个人和微观单位,既有排他性又有竞争性,所以可归为非公共产品,但由于在全社会保持公众教育、保健的某一水准是宏观稳定与整体发展的必要条件,当人类文明发展到一定阶段,社会伦理、公民权益方面所形成的共识,落实于社会保障和公共服务制度的发展上,又使基础教育(义务教育)、大众医疗保健(基本医疗保障)成为公共产品。这些不纯粹属于公共产品但又部分地具有公共产品属性的物品或服务被称为"准公共产品"和权益—伦理型公共产品,其提供,在绝大多数情况下是由政府部门和非政府部门(包括非官方的公益慈善机构、社会团体与企业事业单位)共同介入的,但双方介入的份额与具体机制可以有很大不同,也是因时因地而异的。

此外,还有由于历史传统、国情、发展阶段、体制模式等条件赋予政府、财政的特殊职能或特别需加强的职能,这些往往只适用于部分国家、部分阶段的情况,但在特定情况下也可以是合理的、必要的。这个方面,便属于政府及财政职能个性的范围。

归结起来,政府职能及财政职能共性与个性的关系,可直观地简要表示如下:

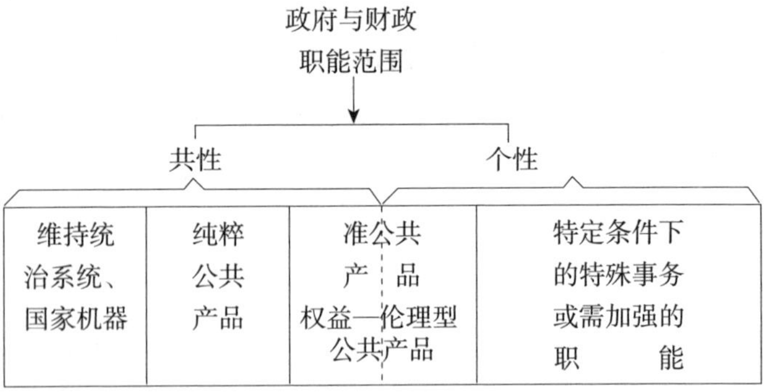

(三) 现历史阶段我国财政被赋予的特定使命

关于政府及财政共性职能的认识,毫无疑问也适用于我国。维持政府机器运转和提供公共产品,必须成为我国财政最基本的责任。

但在具体考察我国财政职能作用的时候,在承认共性的前提下,非常重要的是紧密联系我国的历史阶段、国情条件与环境,认识我国财政职能的个性部分。

我国是一个生产力落后的发展中大国,现在处于社会主义初级阶段。目前世界上处于同一“初级阶段”的其他国家寥若晨星，大国中类似的则一个也没有。如江泽民在中国共产党第十五次全国代表大会的报告中所说，“社会主义初级阶段，是逐步摆脱不发达状态，基本实现社会主义现代化的历史阶段；是由农业人口占很大比重、主要依靠手工劳动的农业国，逐步转变为非农业人口占多数、包含现代农业和现代服务业的工业化国家的历史阶段；是由自然经济半自然经济占很大比重，逐步转变为经济市场化程度较高的历史阶段；是由文盲半文盲人口占很大比重、科技教育文化落后，逐步转变为科技教育文化比较发达的历史阶段；是由贫困人口占很大比重、人民生活水平比较低，逐步转变为全体人民比较富裕的历史阶段；是由地区经济文化很不平衡，通过有先有后的发展，逐步缩小差距的历史阶段；是通过改革和探索，建立和完善比较成熟的充满活力的社会主义市场经济体制、社会主义民主政治体制和其他方面体制的历史阶段；是广大人民牢固树立建设有中国特色社会主义共同理想，自强不息，锐意进取，艰苦奋斗，勤俭建国，在建设物质文明的同时努力建设精神文明的历史阶段；是逐步缩小同世界先进水平的差距，在社会主义建设基础上实现中华民族伟大复兴的历史阶段”。(《中国共产党第十五次全国代表大会文件汇编》，人民出版社 1997 年版，第 16 页)

在这样一个历史阶段中，中国已经开始了一个其数千年历史中非同寻常的改革与发展的时代。确立改革开放大政方针和以经济建设为中心的党的基本路线后，迅速的经济增长和社会变化使举世瞩目，一系列复杂的问题也接踵而来。在总结我国以及其他国家社会主义实践的经验教训的基础上，我们已经把改革与发展的主题明确地规定为实现两个转变，即经济体制由传统的社会主义计划经济向新的社会主义市场经济转变，经济增长方式由明显带有落后农业国特征或痕迹的粗放型向与发达工业化水准一致的集约型转变。“两个转变”的总体战略目标是，在21世纪中叶使社会主义中国在主要人均指标上进入中等发达国家行列，综合国力在发达国家中名列前茅，实现现代化；其实质内容是，通过生产关系、管理模式与运行模式的积极调整与变革，极大地解放生产力，实现对发达国家的“追赶—赶超”，服务于最大限度提高人民群众物质文化生活水平和服务于人的全面发展的社会主义宗旨。

现阶段中国政府体系的全部可动员力量，都要按照上述战略目标、战略任务运作，政府直接掌握的理财部门、财政系统，当然更不可能例外。

社会主义初级阶段的历史条件、生产力相对落后的发展中大国国情和在“两个转变”中实现现代化的战略目标，对于现阶段的中国政府职能及财政职能，赋予了几个方面的特定使命或特别需要强化的内容：

1. 为社会主义初级阶段的经济基础服务，维护和完善公有制的主体地位

社会主义的基本性质在于生产资料公有制具有主体地位。公有制为主体，多种所有制经济共同发展，是社会主义初级阶段基本的经济制度。公有制的这种主体地位主要体现在：“公有资产在社会总资产中占优势；国有经济控制国民经济命脉，对经济发展起主导作用。这是就全国而言，有的地方、有的产业可以有所差别。”（《中国共产党第十五次全国代表大会文件汇编》，人民出版社1997年版，第21页）所谓优势和主导作用，既有量的含义，也有质的含义，主要体现在控制力上，特别侧重于关系国民经济命脉的重要行业和关键领域。所有这些，都必然要求政府运用必要的手段，特别是财政调控手段，贯彻社会主义基本经济制度的要求，在体制改革和改进完善公有制实现形式的过程中实现公有经济的控制力，维护和巩固社会主义经济基础。改革以来多种所有制的发展，反映了社会主义初级阶段的客观要求，是完全必要的。除去私营、个体企业之外，包括股份制企业、合资企业的一部分，亦可能会

具有或部分具有公有制的性质。在“混合所有制”的改革路径上，以现代企业制度的代表形式——股份制为产权结构，有望推进多种所有制成分的“共赢”发展，逐步接近马克思主义创始人所设想的借助股份制带来的“资本社会化”，在共同占有生产资料的基础上“重建个人所有制”。

2. 贯彻合理而有力的国家产业政策，组织实施必要的重点建设项目

在承认市场机制总体而言对资源配置的决定性作用的同时. 也要承认我国作为生产力落后的发展中国家，市场具有比较突出的不成熟和不完善性，而市场要成熟完善起来，需要一个缓慢的自然过程，我们的内、外部条件都不允许对此作消极的等待。政府必须在工业化进程中合理地、积极有力地实施倾斜的产业政策，以跨越漫长的“平均利润率”调节结构的过程，为实现赶超战略赢得宝贵的时间，同时维护、培育和发展市场机制。所以，中国必然比一般市场经济国家更多地注重“产业政策”“技术经济政策”概念政策性的重点扶持和财力资助，并由政府（主要是中央政府）组织实施为数不太多、但意义重大的大型、长周期、跨地区、直接经济效益不一定十分明显而宏观、社会效益大的重点建设项目。财政在这方面负有不可推卸的责任：既包括筹集财力予以支持，又包括注重和促进相关机制与市场兼容、力求形成高水平绩效的创新。

3. 形成合理而有力的政府调控地区差异、城乡差异和居民收入分配差异的能力，推动和维护先富带后富的“共同富裕”进程

中国是一个区域差异相当悬殊的大国，又具有鲜明的发展中国家“二元经济结构”特征（参见张培刚主编：《新发展经济学》，河南人民出

版社1992年版，第95页），城乡之间的差别也极为显著。在市场化、工业化进程中，居民收入分配的差距和行业、区域间的收入水平差距，在一定阶段上会拉大，而且这会和经济、文化的急剧变动耦合而成社会生活的动荡因素。这些都要求政府做出必要的调节，把差异、差距控制在社会可接受的限度内，以维护国家统一、民族团结、大局稳定，并在动态过程中逐步促成社会主义“共同富裕”目标的实现。在市场经济中，政府实施这种调节的主要途径是财政政策，财政的种种转移支付，调节居民收入的税收、补贴、社会保障等再分配手段，都是可运用的政策工具。

4. 实行政府及财政体系自身的改革，并推动、促进各个方面的改革，为在总体配套中完善社会主义与市场经济接轨、实现“两个转变”服务

中国的改革开放和两个转变，当然离不开人民群众的首创精神和微观层次的追求与冲动，但也离不开政府的自觉设计和宏观层次的指导与推行，两方面相互结合，便相得益彰；不能同时作用和呼应，便无法取得成功。那些否定任何一方作用的观点，都是片面的，脱离基本现实的。在社会主义初级阶段“两个转变”的过程中，政府除总体设计、安排外，还必须在财力运作中承受一定的、有时还会是具有沉重压力的改革成本，财政系统要适当处理由此而来的一系列问题。市场经济作为以市场为资源配置基础和决定性机制的经济，会在多方面与传统计划经济体制下形成的财政体制和运行机制发生抵牾，从财政分配的顺序、范围、方式到政策取向、管理模式，都有必要实行深刻的变革，因此，财政系统必须积极推进自身的改革，配合策应总体配套的改革，这也是随财政性质和特定历史条件而来的义不容辞的任务。

总之，从社会主义政治经济学的角度考察，社会主义生产方式赋予了我国政府与财政在维护与发展完善公有制生产关系方面重大的特定

使命；从发展经济学和社会学的角度考察，我国作为发展中大国，具有鲜明的"二元结构"和区域不平衡性的国情，赋予了我国政府与财政在发挥政府特殊作用贯彻产业政策、追求"后发性利益"、追赶发达国家和调控区域间与社会成员间收入分配差异方面重大的特定使命；社会主义初级阶段和改革开放的总的历史背景，又赋予了我国政府与财政以自身改革和全方位配套改革推进"两个转变"、与市场经济接轨的特定使命。

二、基于政府职能的财政分配顺序、范围、方式及平衡原理

（一）摆正财政分配顺序

在明确认识财政分配关系客观规定性和政府职能及财政职能共性、个性的基础上，可以更为具体地讨论走向市场经济这一背景下我国财政的分配顺序问题。从大原则看，一是要借鉴古今中外各国经验，落实财政职能中的共性，二是要从特定条件出发，合理把握我国财政职能的个性。

我们已经知道，古往今来，不论何种性质的国家，何种类型的财政，都有其职能上一律的共性部分，即满足政府国防、外交、行政管理和社会治安（公、检、法）等方面的支出需要，简言之，维护国家机器的正常运转。这实际上成为财政分配顺序中的第一序位，是国家所独占的职能（当然，这种职能的正确行使，应当包括对政府机构的精干与效能等方面的要求）。其后，财政分配的第二序位在于公用事业、基础设施、教育、社会保障、环境保护等方面，这些在不少场合可全然归属于“公共财（公共产品）”范畴，由国家提供，但在另外一些场合，由于市场条件和技术状况的不同等等（参见哈维·S. 罗森：《财政学》，中国财政经济出版社 1992 年版，第 76 页），也可以并不全然作为公共财和国家专有职能，而是由国家、企业、社会团体和私人共同提供。这第二顺序的

职能和分配，在我国过去一个长时期中，是除了将社会保障和部分“民办教育”甩出，交由企事业和农村基层单位负责外，其余统统归入国家专有职能。在改革中，上述格局已经被冲破，一方面，出现了基础设施由民间集资兴办、有偿经营和进一步发展私人办学等多元化的倾向；另一方面，原甩出的社会保障，正通过逐步升级的“统筹”，呈现明显的向国家职能复归之势（最终在政府方面应主要归于“社会保障税”提供重要收入来源的社会保障预算运行形式）。这些变化是符合市场经济发展客观要求和“国际惯例”的。

作为个性的部分，最为突出的是我国财政的生产建设职能。这在过去曾被摆到极高的位置，甚至出现以生产“建设”挤掉“吃饭”的问题（我国基础设施、公共服务事业、环境保护等方面“欠账”严重，与此有密切关系）。改革以来，生产建设支出占财政总支出的比重显著下降。20 世纪 90 年代，中央财政已主要限于每年预算支出盘子中仅为几个百分点的“国家重点建设”的资金安排，地方财政仍然介入这一领域的程度则各地不一。财政改变过去大包大揽的做法，收缩职能，退出一般营利性项目的投资领域，完全必要，但这里须理清如下区别：一方面，如前所论及，我国作为一个落后的、区域差异极为显著、又必须坚持公有制主体地位的发展中大国，有一系列特定的生产力和生产关系因素，决定了中央政府和中央财政至少在一个相当长的时期内，还有必要承担（或作为各方中的主要一方承担）为数不多的大型、长周期、跨地区、对全国产业结构和生产力布局有突出意义（可能带有营利性）的生产建设项目（如三峡、京九、宝钢之类）；另一方面，在中央、地方政府事权划分上，应明确规定地方从一般营利性项目的投资领域退出（当然这需要通过渐进过程实现，尤其在中西部地区），地方政府投资的重点，应转为地区性基础设施和公益事业的公共工程项目等，这样才能理清中央、地方政府间的事权纠葛，为建立适应市场经济要求、以比较彻底的分税制为基础的分级财政提供前提条件。

此外,现历史阶段,在调节区域差异和收入分配差距、支持改革等方面,我国财政应承担的职能亦明显强于一般市场经济国家——虽然在这类事务上往往与他国也有共通之处。

总的说来,我国的政府事权与财政职能,既要遵守一律的共性,又要具备必需的个性,财政分配应循此顺序作适当安排:首先是国家机器运转、公共财货(公共产品),兼及政府需介入的“准公共产品”或“半公共产品”领域;然后是贯彻产业政策和经济发展战略的重点建设,以及其他个性化的事项安排。这也就是以往“一要吃饭,二要建设”这一简单朴素的语言在新时期所应阐发出来的基本要领。

(二) 纠正政府职能与财政职能在范围上的错位

我国目前政府职能与财政职能的定位,仍带有从传统计划经济体制延续下来的影响,与市场经济所要求的职能范围有明显的错位,需要做出调整和纠正。这种错位,可分为“越位”和“不到位”两大类情况。

1. 纠正“越位”:摆脱那些政府不该做,但却介入与包揽过多的事

包揽过多的“越位”,最典型的情况是对大量一般竞争性企业的直接控制(包括目前仍较普遍存在的变相的直接控制)、过多的干预和过多的关照。过去,在所有制结构上片面追求“一大二公”,国营经济范围从大中型企业一直覆盖到理发店、蔬菜零售点、弄堂小工厂等,一律由政府部门对它们实行行政隶属关系控制,指挥它们的生产经营,并以

财政拨款作为开办这些企业的投资，出现亏损也要用财政补贴来弥补。转向社会主义市场经济，应该让一般竞争性企业成为独立的商品生产经营单位、法人实体和市场竞争主体，让它们在市场竞争过程中优胜劣汰，政府重在负责维护公平竞争的规则和环境。所以，原来政府系统对一般竞争性企业无休止的财政补贴、“安定团结贷款”之类的关照措施，应当与直接计划控制一样取消；国家则承担健全社会保障体系的责任，使企业的优胜劣汰不致造成社会的不安定。改革发展到现阶段，形成了对国有经济实行战略性改组的“抓大放小”方针，那么，按此方针，全国总计（不包括金融业）约 30 万户国有企业中近 90% 的小型企业（26 万余户），大部分可以通过联合、兼并、租赁、承包经营、股份合作制和出售等形式来改组和“放开”。

另一个包揽过多的例子，可以举出某些应当企业化的事业单位和已“下海”的原政府人员。传统体制下，相当一部分具有企业功能的单位（如应用性科学技术的研究单位、通俗文艺的表演团体等）被确定为政府系统的事业单位，由财政“差额拨款”甚至全额拨款，维持其运营。改革开放以来这些单位已进入市场，通过企业化经营行为取得收入。与此相应，一部分这类事业单位已经理所当然地转为“自负盈亏”，与政府脱钩，但仍有不少“脚踏两只船”，一边从市场取得较高收入，另一边从政府取得住房、医疗等福利性待遇。另外，一部分已脱离政府系统“下海”经商的人员也有类似情况，比如，可以沿用着政府提供的使用成本极低（即实际补贴很高）的住房，来开办自己全然私营的公司。

诸如此类，政府是在使用有限的财力，做了那些本不该做的事，承担了本不应承担的支出，超越了职能合理定位的范围。在改革中，我们必须采取必要措施，纠正这些“越位”情况，摆脱政府和财政包揽过多的事务。

2. 纠正“不到位”：做好那些政府应该做，但仍然未做或未做到位的事

同样以企业为例：全社会中必有一小部分企业，是属于所谓“自然垄断性”的或“特殊性质”的企业，虽然要或多或少地让它们加入市场竞争，却不能完全放开听任市场调节，比如国防核工业，医药批发和储备，一定阶段某些关键性的农业生产资料（如化肥）的代销等。如让这些企业“自我积累、自我发展”，则它们或者不能发展，萎缩困顿，或者要脱离正轨，胡乱发展，这两者都会严重影响国计民生，甚至破坏社会生活的起码秩序。应该说，有段时间某些特殊企业的“副业”冲击主业，以及医药市场的假劣横行、回扣成风，化肥代销的层层加价、欺农坑农之类，都与政府管理的失职、缺位有关。

另外从更广的范围讲，政府应该做好的事情有一基本领域，即提供公共产品与服务。前已论及，这些“公共产品”，由于其效用的不可分割性、消费的非竞争性和受益的非排他性，造成供给的非营利性，无法由市场来有效提供，只能由或基本上要由政府提供，如公共环境的维护，公益性基础设施的建设，某些基础科学研究的开展，以及普及型义务教育的实施，等等。但在过去几十年的国民经济发展中，出于“赶超经济”的压力和指导思想的偏差等原因，我国政府系统的经济工作和财力安排中，往往过多地首先考虑兴建企业，增加那些有资金回报的项目，而公共服务设施、环境保护、非营利性基础设施项目等，在很多情况下是往后排序的。这些非由政府去做不可或主要应由政府去做的事，不仅历史上留下了“欠账”，而且现在仍然没有得到应有重视，远未做到位。比如，我国城乡环境污染的防治工作普遍薄弱，污染程度之严重在相当一部分地区已达触目惊心的地步，而环境保护不由政府牵头并投入主要力量，是很难有效实施的。又如，许多城市的主要街道上，路

标、门牌号码未设、不明、缺失的现象比比皆是,人们对由此造成的诸多不便司空见惯,政府部门也熟视无睹,心安理得,但路标、门牌号码这种识别系统是典型的"公共产品",需要由政府统负其责。再比如,九年制义务教育这样一项事关全民族长远发展的事业,理应由政府担当主角来实施,出自民间的"希望工程"捐助只可能起辅助作用,但现实情况是政府部门一段时期内曾经一味"低姿态",似乎要由后者挑大梁,然而若干年来希望工程虽成效显著,也只救助了一百余万失学儿童,当年全国绝大部分因贫困而失学的少年儿童尚未得到救助,主要的问题仍是政府的应有职责未到位。

要纠正这种"不到位"问题,当然离不开政府财力后盾。那么财力从何而来?一应来自从"越位"方面的收缩,二应来自现有财力的合理使用、精打细算、减少浪费。如这两条仍不足以解决问题,那么,三应来自按"量出制入"原则更多考虑以公债等形式筹措必不可少的收入。

(三)转变政府某些职能的实现方式

有一些事务,不论过去还是如今,都是政府应该做的,即一直属于政府职能中应有的内容,但是在实现方式上亟须改进,以适应市场经济的新情况。

比如,为优化我国的经济结构,改进生产力布局,提高宏观效益、经济总体实力和发展后劲,需要有政府的投入,由政府(越来越多地是由中央政府牵头)实施重点建设项目。这件事必须做,但却不能简单沿用我们过去的重点建设办法。在这一职能的实现方式上,至少要有三个方面的转变:一是项目决策方式的转变。要按照现代化科学管理和社会化大生产的要求,精心组织项目的可行性论证,通过规范的程序引出最后的决策,而不应再像过去那样主要凭"长官意志"决策。在此过程中,财政部门应当从资金运筹与管理角度参与可行性研究。二是资金使用方式的转变。过去主要是由财政对项目拨款,资金一旦拨出便无偿使用,而今后应在建立注册资本金制度的同时,大力拓展财政资金有偿使用的“财政投融资”方式,及以政策倾斜措施引导社会资金加入重点建设的财政贴息、政府担保融资、PPP(政府和社会资本合作,即西方所表述的“公私合作伙伴关系”)等方式,以较少的财政资金牵引、调动、衔接大量的民间财力,用于国家的战略性发展项目。某些基础设施建设,可以采用政府牵头多方集资(包括使用贷款),建成后适当收取使用费以回收投资的方式。三是工程建设方式的转变。今后重点建设项目应尽可能采用随市场竞争机制发展完善起来的关于工程设计、设备制造等的招标投标制度,在施工中应实行监理制度和严密的责任制度。改进和完善与此相关的建设项目财务管理办法,也是财政部门的工作任务。

又比如,调节居民收入分配始终是政府应当承担的职能,并且特别需要运用财政手段来实行。尤其在转向社会主义市场经济过程中的中国,这具有抑制两极分化、促进社会和谐和共同富裕的重要意义和作用。过去对于收入分配,我们曾主要采取直接控制方式,由国家制定企业中的工资等级与具体标准,按指令性计划执行,工资外收入则控制到几乎没有,同时又以福利性的住房分配、公费医疗和子女入托、就学等安排,以及基本生活消费品的价格补贴,与普遍的低工资水平相配套。改革开放之后,企业的工资、资金制度已趋于市场化,政府放松了直接控制,工资外收入迅速增加,福利性待遇与价格补贴则相对收缩。平均主义的打破及多种所有制、多种就业门路的发展,以及企业主、高级经理、知名演艺界人士等高收入阶层人数的增加,带来了居民收入水平差距的显著扩大。政府这时当然不能放弃或弱化收入调节职能,相反必须使之强化,但在方式上应当转为以利用经济参数(经济杠杆)手段与社会保障规范的间接调控为主。带有累进性的个人所得税、房地产税、遗产与赠予税、针对某些奢侈品的特别消费税等，应当成为遏制高收入及其累积效应的有力调节手段；而组织兴办“安居工程”提供对中低收入阶层的平价、低价住房，建立扶助困难家庭子女的政策性助学金，以及明确规定最低工资标准与最低生活保障线制度，等等，则成为保护低收入阶层的调节手段与方式。

再比如平抑市场物价问题。市场的调节作用集中表现为价格机制的调节作用，即市场上的价格水平及其变动成为影响厂商生产经营行为的重要信号和决策依据。社会主义市场经济中，这种调节机制要成为资源配置的基础性、决定性机制。但是，市场经济中的价格变动存在反复起落的所谓“蛛网现象”（参见劳埃德·雷诺兹:《微观经济学》，商务印书馆 1982 年版，第 103—104 页），而且在现实生活中这种起落波动有时并不是收敛的，而是发散的，对于经济和社会生活可能产生严重的不良影响。因此，政府调控价格水平的必要性在市场经济下也不能完全取消，过去曾经很强的这种职能，今后仍需在一定范围内保留，但在方式上应当做出很大的转变。这方面最有代表性的例子是已对主要农副产品（如粮食、棉花等）价格的平抑。粮食、棉花等农产品（蔬菜、果品类似）的一个特点是供给弹性大，需求弹性小，且生产受自然因素影响大，丰产时价格易大跌，欠产时价格易猛涨，如上一年价格上涨，下一年的种植面积与产量便可能大增，反之如上一年价格下跌，下一年的种植面积与产量便可能大降。这种价格与产品供给大起大落的反复出现，会严重伤害生产者利益，并对人民群众的生活形成冲击，因此政府有必要对市场粮棉价格实行干预，平抑其过度波动。但是，今后政府干预的方式，并不可以沿用我们过去曾实行的固定价格、取消或严控农贸市场自由交易等，而应当在向广大粮农、棉农等提供市场信息的同时，建立合理的粮食、棉花储备制度和粮棉保护价制度，主要运用经济手段，通过物资的相机吞吐和对价格波动区间的框定，达到平抑粮棉价格波动的目的。财政政策手段在这方面要发挥非常重要的作用。

总之,政府职能与财政职能实现方式的转变,是按照市场经济和现代科学管理的客观要求,使政府由一般简单决策为主转为系统论证决策为主,由直接调控为主转为间接调控为主,由实物形态调控为主转为价值形态的调控为主,由行政手段调控为主转为经济手段调控为主。

(四)“量出制入”与“量入为出”:两个层次上的平衡原理

在基于政府职能考察了财政分配的顺序、范围及实现方式之后,有必要考察财政分配运作中的平衡原理。

财政职能的发挥,要凭借其收支运作,即通过财力收支及管理规范,体现政策,产生各种直接或间接的影响与调控作用,达到职能设定的目标。因而,把握收支总体规模的相互关系,便成为理财的第一要义,这种关系可以在经济哲学上归结为一种平衡关系。

关于收支双方的这种平衡关系,可以从两个角度上讨论:其一是为人们所熟知的“量入为出”,即“有多少钱,办多少事”,由收入框定支出的上限。这个“以收定支”的道理与生活常识相吻合,容易理解。其二是“量出制入”,即“要办多少事,去筹多少钱”,进而从逻辑上说,如果以常规方式筹不足钱,事又非办不可,就要考虑以非常规方式(举债等)取得资金补足入不敷出部分,所以仍然归结为一种平衡关系。这个“以支定收”的道理往往不太适合微观单位(尤其是家庭的情况),但对于国家政权的理财来说,却自有其深刻之处。

我们知道,国家财政作为以国家政权为主体的分配,其运作是基于政府职能的,或曰,是为政府实现其职能服务的。因此,从根本上说,在承认客观分配关系的内在决定作用之后,关于财政运作的状态及其运作状态平衡的原理,便要以政府职能为出发点来阐释和理清。只要是政府合理职能范围内必做的事,便具有优先位置的意义,财力的筹措和使用从逻辑上说,要服从于这个第一位的任务。当然,现实中政府合理职能的具体范围往往是有争议的、难以精确量化的,但至少可以从下限来把握,所以不妨碍这里的分析。而且,国家政权是具有强制性分配手段的机关,在为实现其职能目标筹集财力的,具有在一定弹性区间或限度内设计、增加这类手段的余地(这一点是与微观单位的重要区别)。所谓"量出制入",就是先考虑政府该做什么事情,做好这些事情大致财力支出需多大规模,然后再考虑按这种政府职能和财力支出的数量界限,来组织自己的收入。如果没有量出制入,政府职能的实现是没有保证的,在相应财力规模的把握上也是没有基本的参照系的;而只要把政府职能明确定位,在分配主体总揽全局、面对社会总产品(可以100%的GDP代表)"切蛋糕"时,就自然要引出"量出制入"这样的思路。

"量出制入"的思想古已有之。我国西汉的著名理财家桑弘羊为支持当时行政运转、巩固边防、治理江河等方面的支出需要,实行汉初"量吏禄,度官用,以赋于民"(《汉书·食货志》,中华书局1962年版,第四册,第1127页)方略,并成功地运用了盐铁专卖、平准等措施,其理财思路就带有"量出制入"的鲜明特征。唐朝中叶,杨炎正式提出了"凡百役之费,一钱之敛,先度其数而赋于人,量出以制入"(《旧唐书·杨炎传》,中华书局1975年版,第十册,第3421页)的表述。列宁在1922年提出,"我们的财政机关必须竭尽全力在最短期间能通过税收保证工农国家得到一切国家机关进行正常工作所必需的经费"(《致全俄财政工作者代表大会》,《列宁全集》第33卷,人民出版社1957年版,第341页),可以说十分明确地表示了量出制入的思想。毛泽东在延安时期提出"发展经济,保障供给"的财政工作总方针,其前一句话的侧重点在培植财源，后一句话则包含了在“负担虽重而民不伤”的前提下量出制入的意思（《抗日时期的经济问题和财政问题》，《毛泽东选集》第 3 卷，人民出版社 1966 年版，第 846—850 页）。1953 年 9 月 12 日，毛泽东在中央人民政府委员会的讲话中谈到因抗美援朝要用钱而在前两年多收了一些农业税，便有人对此“哇哇叫”，要求“施仁政”时，反驳说：“我们是要施仁政的。但是，什么是最大的仁政呢？是抗美援朝。要施这个最大的仁政，就要有牺牲，就要用钱，就要多收些农业税。”并重提 1941 年陕甘宁边区征收 20 万石公粮的事例，强调大道理要管小道理。这正是“量出制入”思想的体现。

综上所述，可知从逻辑源头上说，政府理财在收支规模方面的始发原则应当是“量出制入”，换言之，是在明确政府合理职能和必要支出任务的前提下，设计筹措财力的通盘框架，以此规制财政收入规模。这应看作财政分配第一个层次的平衡原理。

但是，在逻辑源头上肯定“量出制入”，决不意味着要全然排斥和否定“量入为出”原则。这两者不是同一层次的问题。量入为出属于另一个层次上的平衡原理，即在以量出制入原则设计、规制总收支规模之后，在财政常规运转、政府安排落实具体项目的层次上，特别是在财政个性职能的范围内，应当注重量力而行，以收定支，有多少钱办多少事，维持收支平衡（这里也不能绝对化地理解为每一年度或时期都做到收支平衡）。

从财政运作总体的动态过程看，可以说“量出制入”和“量入为出”是对立统一、相辅相成的。应当首先量出制入，然后量入为出。这一对两个层次上有先有后的平衡原理，共同构成了政府财力分配的逻辑链条和平衡系统，各自的合理性都是有条件的、非绝对的、在特定前提下会转化的。

三、我国财政调控作用分析

财政作为以政府为主体的带有集中性特征的分配，是政府调节资金运动与资源配置、进而调控经济与社会的主要手段之一。我国在改革开放、实行体制转换之后，虽然财政分配不再表现为国民收入分配中唯一的主导性环节，但其仍与银行体系一道成为资金供应与调节的两大主渠道。市场经济所要求的宏观间接调控之中，财政政策和货币政策是贯彻宏观调控意图和总体计划目标，实施产业政策、区域政策和收入分配政策，维护经济总量与结构平衡的两大基本政策手段。

综合地分析看待我国财政凭借其职能所发挥的作用，可大体归纳出如下几个相互间紧密关联的方面。

（一）促进经济增长

根据生产与分配相互关系的原理，可知生产决定着分配，但分配又反过来影响着生产，因为分配既是前期生产成果的分配，又是下期生产条件与要素的分配，具有发挥能动反作用的余地，其合理与否，必将对下期的生产发生一定作用。以生产为轴心的经济增长，体现着社会生产力的发展，是一国所有经济、社会事项中最具根本意义的事项，而财政分配，则是对全社会生产成果的一部分，主要借助价值形式（货币形式），同时又考虑使用价值形式（产业类别、技术类别、区域类别等）作集中性的分配，其间可以体现政府的资源配置意图，用以弥补“市场失灵”,促进生产力的更快发展,即促进经济增长。

除了我们这种理论、逻辑上的定性论证,还有一些学者作了更具技术性的分析。西方财税理论指出:作为社会总供需一个重要组成部分的财政收支,通过乘数作用影响一定时期 GNP 的增减:(1)政府支出增加可促进 GNP 增长,其增长的规模取决于支出乘数的大小。财政支出乘数是社会边际储蓄倾向的倒数,即 $K_E=1/MPS$。(但并不是所有支出具有相同的乘数效应,如转移支付,由于资金自政府手中直接转移到接收者,不与商品或劳务转移相对应,故其乘数效应小于政府的购买支出。)(2)税收增加将减少 GNP 增长,减少的规模取决于税收乘数的大小。税收乘数是边际消费倾向除以边际储蓄倾向之商,即 $K_T=MPC/MPS$。由于 $MPC+MPS=1$,所以 $K_T=(1-MPS)/MPS=1/MPS-1=K_E-1$,即税收乘数比支出乘数小 1。(与支出乘数相类似,不同税种的乘数大小也是不同的。)(3)由上述两条可导出第三条结论,即在市场经济体制下,即使财政支出与财政收入相等,通常也会促进 GNP 增长。这种分析可作为一个从数量分析角度关于财政收支对国民经济增长影响作用的论证。

结合我国情况作更为具体的考察,则应看到,以财政资金承担或参与、引导的国家重点建设项目和技术改造项目等,对于经济增长具有特殊意义。作为颇具个性色彩的财政职能的体现,这些投资在社会固定资产总投资中的比重历史上曾经很可观,然而现在已不太高(根据《中国统计年鉴 1997》的数据,1996 年财政预算内重点建设支出约为全社会固定资产投资的 2.7%,加上技术改造和新产品试制费,也不足 5%),今后一般亦不会大幅上升,但这却是政府调控总供需平衡状态、优化产业结构和生产力布局、培育新经济增长点的一个有力手段,进而也是我国作为后进发展中国家实施赶超战略的一个有力手段,其对于经济增长、加快现代化的功用不应忽视。

我国现阶段最基本的国情之一,是生产力水平相对低,企业技术改造、产业升级任务重。据有关方面20世纪90年代中期对一千余家大中型国有企业的大样本抽样调查结果显示,我国国有大中型企业的主要设备生产技术水平,与国际水平相比较,存在十分明显的差距。样本企业中现有的或正在引进的设备生产技术水平,达到国外80年代中期水平的占28.8%,达到国外80年代初期水平的占30.4%,达到国外70年代中期水平的占17.0%,达到国外70年代初期水平的占18.7%,而达到或超过国外90年代初期水平的不足4.2%,总的概念是,2/3的国有大中型企业与国际的设备技术水平存在10—20年的差距。在某些重点产业、关键行业,差距甚至更大。以钢铁行业为例,当时我国大部分钢铁企业中的主体设备,还是五六十年代水平。重点和地方骨干钢铁企业的炼铁、炼钢和轧钢三个工序的主要设备中,达到国际水平或国内先进水平的只有25%左右。当时我国钢铁工业年人均钢产量只有24吨左右,仅为发达国家的1/30—1/20。1991年我国重点企业人均产钢31吨,而日本新日铁是687吨,韩国浦项是657吨,美国阿姆科是467吨(《经济研究参考》1994年第84期、87期)。

因此实现中国的现代化,迫切需要有基于客观规律的超常增长,即力求后来居上的"赶超",需要全力解放和发展生产力。邓小平一句朴素的话语"发展才是硬道理",包含了关于社会主义历史命运和中国特色社会主义发展道路的非常深刻的内容。在中国,财政分配对于促进经济增长,除了共性化地提供一般环境与条件之外,必然还需要有直接支持投资的个性化安排。新时期中财政促进技术改造、高科技带头产业发展和产业升级,当然需要探索新方式,但总体而言财政职能中建设性内容的必要性是不可否定的。有段时间出现了把"国家分配论"狭窄化的倾向,其典型表现之一是就财政论财政,认为可以简单仿效某些发达市场经济的国家职能与财政职能模式,把我国财政完全收缩成"吃饭财政",即完全退出生产建设领域。这就脱离了全局性把握和立足国情从实际出发的原则。我认为从体制改革之后我国政府间关于直接生产投资的事权划分看,地方政府退出一般营利性项目建设领域是必要的(但在许多地区,特别是中西部地区还有待逐步达到),然而中央政府必须承担一些大型的,对形成新的经济增长点、发展后劲及优化生产力布局或发展新兴产业有突出意义的重点建设项目,财政对此必须积极参与,提供财力支持。社会总投资中比重并不大的这类财政投资,却可以产生重要的带动、助推、辐射和形成与增进“发展后劲”的作用。

(二) 优化经济结构

政府通过财政分配来优化国民经济结构,不论是从生产与分配关系原理方面分析,还是在现实生活之中考察,都是与促进经济增长紧密相联的,但仍可予以相对独立的处理,作一专论。

优化经济结构的主要内容,是根据优化资源配置的要求,在国民经济发展中扶持短线,抑制长线,并促进新兴带头产业(“战略性新兴产业”)的发展。这在以发达市场经济为背景的西方经济理论中并不具有重要地位,但第二次世界大战之后,日本、亚洲“四小龙”经济起飞的实践,却给我们提供了这方面的许多启示。我国生产力低起点、二元经济结构和地区差异显著的特点,决定了经济增长过程中结构变动因素特别强烈,结构问题十分突出,缓解瓶颈制约,优化产业、部门结构和生产力布局的任务特别艰巨。同时,我国实现现代化目标的“追赶”性质,激烈国际竞争的环境等等,又不允许我们坐等国内市场化程度提高,完全再由漫长的平均利润率形成过程和调节资源配置的过程,来解决结构优化问题。因此,必须清醒地看到政府在现代化过程中通过国家干预促进结构优化的责任,在大力推进市场取向改革的同时,也努力提高决策水平,积极而有分寸地把握好调节结构方面的工作。对此,财政收支可以成为非常重要的操作手段。

第一，在财政收入方面，一些税种（如我国税制中的消费税、以前的投资方向税等）和规范化的税收减免、税率区别对待的制度，通常情况下可以发挥特点阶段扶持或抑制某些产品、产业发展的作用，特别是随着对企业行政隶属关系控制的淡化和企业自身预算约束硬化的过程，作为市场主体的企业对"经济杠杆"（经济参数）信号的敏感度将提高，税收的结构调节作用将可以得到较充分的发挥。

第二，在财政支出方面，中央政府的"重点建设"投资是调整总体结构和生产力布局的重要手段。比如，能源、交通、通信、原材料（冶金、化工）等基础产业，长期以来是我国国民经济的薄弱环节，而向这些领域投资的资金和技术的"门槛"都很高，并且如以分散的小项目上马，还会产生严重的规模不经济，故特别需要政府的产业政策指导和集中性资金支持。当然，诸如此类的"重点建设"项目也必须使投资主体纳入建立现代企业制度的轨道，在注册资本金环节明确产权关系，建立健全资金使用的责任制体系，加强经济核算和奖惩制度，并积极采取多种方式（发行专项公债、股票等）吸引民间资金投入重点建设。

第三，在"常规"的财政收支之外，财政信用在调整结构方面也大有可为。除了国债手段，日本取得了一定成功经验的"财政投融资"特别值得我国借鉴。日本政策性投融资的基本方式是，在财政大系统之内设立政策性投融资机构，实行专家式管理，按照国家发展战略和产业政策导向选择项目提供优惠贷款。"二战"结束后经济恢复阶段的支持重点，首先是煤炭、钢铁等基础产业，20 世纪 50 年代早期抓住世界经济变化的机遇转为造船业，50 年代末期至 60 年代又转为机械工业中的工作母机与自动化机械方面，对于优化经济结构，促进产业升级，实现经济起飞，收到了显著成效（Kozokato 等:《政策金融:战后日本的经验》，世界银行讨论稿第 221 号。参见 1994 年 7 月 14 日《经济学消息报》的介绍）。我国在经济起飞的准备与实施阶段，同样遇到产业升级、结构调整的紧迫性与资本市场不成熟的矛盾，同样需要发展政策性投融资。这是财政在新时期可以大有作为的一个领域。至于政策金融可能产生的“设租寻租”弊端，则应借鉴日本经验，实行严格的“多重审计”制度、惩治制度和专家式管理，以将其抑制缩小至最低限度。

第四，中央财政自上而下的转移支付制度，也是调节地区差异和经济结构的重要途径。在财政分税制改革的进一步深化中，应当使中央财政掌握较充分的财源，形成“资金向下流动”的大面积补助格局，其中一般性补助额对各地的区别对待，要放在依“因素法”和严格客观统计数据的公式化计算基础上，从而大大增强补助资金分配的客观性、科学性；而专项补助资金，则以“戴帽”方式直接贯彻中央政府的结构性调整意图，也要优化其方式与机制。

社会主义市场经济中，政府对经济结构的调控，被客观地要求侧重于运用财政手段。政府致力结构优化的基本方式是“区别对待”不同产业、行业或产品，超越市场利润率的一般调节机制，把宏观的、总体的、长远的效益作为首位目标，而中央银行货币政策调控，集中于总量方面的银根松紧，其调控下的商业银行系统是按照追求直接效益（微观利润目标）的市场原则展开竞争的。哪里的直接效益高、风险小，银行贷款就流向哪里，或按形象化的说法，商业金融只愿“锦上添花”，不肯“雪中送炭”。这对于商业银行系统的“在商言商”性质而言是合理的，无可厚非，政府不应要求它们于利润目标之外还承担“区别对待”的政策性结构调控职能。与此不同，财政的资金运作在承认市场一般原则的前提下，更于积极的方面体现矫正市场缺陷或克服市场不成熟的特定要求，可以并且应该超越微观直接效益的眼界而注重追求长远、宏观的效益，同时财政分配恰恰具备了这方面的适当手段和能力。因此，在财政政策、货币政策两大政府调控手段的分工合作中，货币政策主要侧重于调节总量，而财政政策更侧重于调节结构。

可以说，对于优化结构的作用，是财政调控作用中最突出的方面之一。由于在发展、稳定、收入分配、开拓理财新方式和新领域等专门的论题上，本书已经涉及或将要涉及，故在此不拟更作展开，但有必要再次强调的是：从我国社会主义市场经济中宏观调控主体的角度而言，财政政策将是优化结构的最主要调节手段。

（三）反经济周期与维护经济稳定

经济周期是国民经济运行中循环出现的发展速度上下波动现象。当前世界上的任何国度都无法完全避免这种循环或波动的出现，于是问题归结为如何避免周期中的超常波动并缓和常规波动，以寻求必要的经济稳定，减少与波动相关的损失。所谓“反周期”，即政府通过国家干预适当“熨平”经济的周期波动。这一条与当代主要西方发达国家的理论与实践相通——凯恩斯学派所言国家干预、宏观调控的本意，就是主要指这个方面。

我国的经济周期波动是一种可以观察到的现象——尽管我们过去在理论上曾不予承认，现在看历史上“决策”等所谓非经济因素的影响很大，已经发生过的波动偏重于“紧运行”的一方，等等，但这些都不能否定周期波动的基本事实。市场化的程度越高，周期波动的趋势将越清晰；国民经济的对外开放程度和国际化程度越高，受他国经济周期因素影响的可能性也越大——20 世纪 80 年代以来的情况已对这些做出了证明，今后国民经济一定程度的“高涨”（过热）与“疲软”（低迷）在我国的交替出现，将是意料之中的情况。因而，如何掌握平抑波动的反周期政策措施，以促进经济持续增长和维护增长中必要的稳定，成为政府不可回避的重大课题。财政在这方面可以发挥重要的调节作用。虽然随着改革开放中企业和一般金融机构作为市场主体的发育,资金分配、运行、融通渠道的多元化,国际收支对国民经济调节和影响作用的显著上升,以及居民金融资产数量和作用的迅速扩大,等等,财政收支在我国社会再生产和综合平衡中的“主导性”作用已不复存在,社会总供需平衡与否,要取决于财政、信贷、国际收支的总体调节,但是,财政收支仍是对经济和社会发展举足轻重的宏观调节手段,赤字或盈余可以成为特定条件下政府在宏观上反周期波动的政策工具,合理的财政制度设计也可以发挥与周期波动逆向的“自动稳定器”功能。

然而具体考察财政的反周期与经济稳定作用,还是需要先从最为宏观层次上的总供需管理和财政政策与货币政策两大基本手段的综合运用开始,再及财政政策、制度自身。这可分为三个层次。

1. 需求管理与供给管理

“反周期”是社会总供需动态平衡的调节控制问题。这种调控既有主要着眼于需求方的所谓“需求管理”,也有主要着眼于供给方的所谓“供给管理”。两方面各有独到之处,是相辅相成的。但由于西方市场经济国家一般而言需求不足的“生产过剩”是主导倾向,有效供给不足的“短缺”情况比较少见,加之对有效供给影响甚大的经济结构基本是由市场自发调节的,因而宏观层次上一般对需求管理的重视程度最高,并且经常把增加有效需求以降低失业率作为其主要目标,对调节结构以增加有效供给的问题,关注较少;即使在调控实践中提高了关注程度(如美国政府自明确提出“信息高速公路”以来的种种举措),也迟迟未在理论上做出应有的总结和创新、升华。

然而,在我国40余年的经济发展中,宏观运行中的主要偏差,基本上是需求过旺、结构失调、有效供给不足的问题(近两年除外),因此供给管理在中国往往被认为至少与需求管理具有同等重要的意义——在

“千年之交”后，更是逐步形成了以供给侧结构性改革引领整个供给体系质量与效率提高的全局指导方针，以及出现了学术理论界“新供给经济学”创新努力形成的成果。

需求管理的核心是总量调控问题。基本原理是在政策的制定及政策工具的使用上与经济周期逆向，即经济高峰期抑制、压缩需求，而经济低谷期放松需求控制乃至有意刺激需求，以此来减少经济周期波动的振幅，在一定程度上“熨平”波动，实现相对平稳的经济发展。

供给管理的核心是结构优化问题。基本原理是在优化制度结构的同时，政策的制定和实施上对经济的长、短线区别对待，以合理方式支持和扶助国民经济中“瓶颈”部门与产业（即短线）的发展，必要时适当抑制长线，以增加有效供给，提高总体效益，矫正结构错位，缓解由于比例失调所激发的总供需失衡和周期波动因素。

需求管理和供给管理都着眼于经济和社会的稳定，服务于国民经济总体效益的提高，都离不开财政政策手段的积极运用。

2. 财政、货币政策协调配合的“反周期”宏观调控及财政政策的侧重点

“反周期”宏观调控以财政政策和货币政策为两大基本手段，两者的协调配合至关重要。一般说来，经济高峰期财政要增收减支，中央银行要紧缩银根，以抑制总需求，相反，经济低谷期财政则减收增支，中央银行应放松银根，以刺激总需求。但是，现实操作远非如理论分析那样简单直接，由于各种因素的制约，财政、银行两家“双松”或“双紧”的操作未必可行，或者未必是最好的选择，往往只能采取“一松一紧”的搭配，或财政松银行紧，或银行紧财政松，形成总体上松或紧的导向，并配之以其他政策意图。比如，20 世纪 90 年代中期我国经济过热时，财政却为多种因素制约，实际上达不到消除赤字，甚至安排盈余的真正的

"紧"(这时的"适度从紧"更大程度上是一种态度而非一种现实),所以只能采用在争取财政赤字规模不扩大的同时,由中央银行大力抽紧银根这样一种松紧搭配。

如前所述,"反周期"——尤其在我国——需要需求管理与供给管理双管齐下。比如经济过热、总需求超出总供给时,一方面要压缩需求总量;另一方面要增加有效供给总量,从而缩小总供需差额。在我国改革前的高度集中体制下,达到上述两点主要是通过财政途径,但在改革后投资主体多元化、财政分配占国民收入分配的份额显著下降、企业和居民金融资产明显增大的情况下,财政、货币政策在宏观调控中的分工配合关系,则应依客观要求向市场经济国家的通行机制靠拢,同时又保留必要的中国特色。具体说来,调控总量须更侧重于金融货币政策的力量,调节结构则主要借助于财政政策的力量。前已提及,在达到了一定市场化程度的经济中,在"对企业间接调控为主"的体制下,中央银行以币值的稳定为基本操作目标,调控银根松紧,进而通过市场体系的作用影响全局经济运行,对总体资金供应状况和"经济热度"的作用力最大,同时却难以承担多少"区别对待"调整结构的职责;财政政策则指导政府收支安排及其对经济全局的导向和"辐射"(当然也要通过市场体系的作用),对调节国民经济总体的结构状况和"比例关系"的作用力最大,"区别对待"比较便捷有效,但相对于中央银行而言,对总量的调控往往只起配合的作用。

换言之,财政与中央银行两大部门及财政、货币两大政策各自的功能特点,决定了在"反周期"宏观调控中协调配合是带有各自侧重点的,财政的侧重点是结构方面和供给管理方面。

肯定财政在结构方面的侧重,决不是否定财政在总量调控方面的重要作用。第一,财政收支在以 GNP 或 GDP 表示的总量中的比重虽然不是很大,但其"乘数"作用很大,类似于中央银行基础货币的"高能资金”作用，一个较小量的减收增支或增收减支安排，可以带来一个规模大得多的需求扩张或收缩效果。第二，优化结构的供给管理，会通过扩大有效供给规模有力地作用于总量态势，显著缓解总供需矛盾。尤其我国一度是一个从长期看容易以经济过热为主导性偏差的经济，又不能坐待漫长的市场发育成熟过程来全面解决结构调节问题，不得不强调政府的产业政策引导和政策性倾斜的结构优化，因而就必须更加重视由财政扮演主角的供给管理对总供需平衡和“熨平周期”的重要作用。

总之，财政对于总量的调节和结构的调节，以及与货币政策、产业政策相协调配合的复合性调节，使财政成为宏观经济运行中“反周期”的重要稳定器之一。

3. 财政“自动稳定器”作用的设计和发挥

西方经济学和财政理论对财政的“自动稳定器”作用作了较系统的分析论述。简言之，首先，在政府税收方面，主要体现在累进的所得税上。当经济处于高峰期时，需求扩张，经济繁荣，收入上升，纳税人收入超过个人所得税起征点和适用累进税率更高级次的情况增加，税基扩大，从而使税收数额自动增加，且总的增加幅度超过个人收入的增加幅度，于是税收产生抑制消费与投资意愿，防止需求过度增长的降温作用，使波动过程中的“波峰”不致过高；相反，当经济处于低谷期时，需求疲软，经济萧条，收入下降，符合纳税规定及适用累进税率较高级次的纳税人减少，税基收缩，结果使税收数额自动减少，且总的减少幅度超过个人收入的减少幅度，于是形成对于消费、投资意愿及需求的刺激力和鼓励作用，促使经济升温，使波动过程中的“波谷”不致过深。某些国家的企业所得税也有累进设计，则会更强化此种“自动稳定”作用。如果政府支出规模保持不变，税收数额的自动增加或减少会分别导致政府预算的盈余或赤字，这将通过乘数作用进一步放大“自动稳定”的效应。

其次,在政府支出方面,主要体现在公共开支的一些转移支出项目上。比如,政府的失业救济、福利性支出都有一定的发放标准,在经济繁荣时期,失业人数和符合接受福利支出条件的人数减少,这些政府转移性支出额便会相应减少,从而产生减缓消费需求增长的作用;相反,在经济萧条时期,失业人数和符合接受福利支出条件的人数增加,这些政府转移性支出额便会相应增加,从而产生加大消费需求的作用。再如,政府的农产品价格维持制度,目标是把农产品价格稳定在一定水平上,在经济高峰期,需求扩张,通货膨胀,农产品价格上升,政府便抛售农产品,稳定农产品市场价格,减缓通货膨胀;反之,在经济低谷期,农产品市场价若滑落到维持价格以下,政府便以维持价格收购农产品,这样就会增加农场主收入,维持他们的消费需求水平进而相对稳定总需求水平。于是,上述这些按一定标准执行的政府转移性支出,也成为减缓经济周期性波动的自动稳定器。

以关于"自动稳定器"的上述分析与新中国成立以来的历史情况相对照,可以发现极为显著的差异:几十年中的大部分时间,我国仅对集体企业实行过超额累进的所得税(1994 年之后已不再实行);近些年,城乡个体工商户所得税(1994 年并入个人所得税)和后来覆盖面较广的个人所得税的设计和实施,则越来越靠近西方经济理论所描述的"自动稳定器"机制,但总体说来,这些现仍处于逐步推动制度建设阶段,对经济全局的影响虽在扩大,却远未成为举足轻重的力量。至于政府福利性转移支付方面的机制,也不够健全规范。

因此,从现状而言,我国财政的"自动稳定器"功能是远非完备的。反过来看,正是由于这种低起点、不完备而特别应当强调的是,随着市场导向改革的推进和深入,合理设计与充分发挥"自动稳定器"功能在我国具有广阔的前景,是非常有必要依此方向努力的。在可以预见的将来,个人所得税的优化、强化和"一体化"的社会保障体系的健全,是最主要的新稳定因素。

总之,自觉调整的稳定器作用加上制度内在的自动稳定器作用,便是今后财政在宏观调控中发挥“反周期”功能的基本机制。

(四) 实施收入再分配与维护社会稳定

经济发展中的均平与效率(Equity and Efficiency)是为经济理论、政策和管理所关注的一对矛盾,是需要做出权衡和适当兼顾的两个方面(现国内一般把 Equity 译作“公平”,是不够确切的。公平既可指参与资格的一视同仁即“机会的公平”,也可指结果的均等,即“结果的公平”。原词此处意在后者)。在经济增长模式和管理体制模式都正在经历转型的中国,均平与效率的矛盾更为突出乃至尖锐。政府如何积极而适度地处理这一矛盾,通过收入再分配适当调节区域发展差距和社会成员收入分配结果的差距,是无法回避的重大事项。

市场机制配置资源情况下收入分配的基本决定因素有二:一是个人或区域拥有的生产要素(如劳动力、资本、自然资源);二是这些生产要素在市场上所能实现的价格。由于种种因素决定,生产要素拥有水平和市场价格水平可以出现极大的差异,因而单纯由市场机制决定的收入分配可以形成很不均等的结果,有必要通过政府为主体的再分配调节,缓和收入两极分化现象,以适当处理效率与均平的矛盾,维护社会的稳定和整体、长远的利益。若对此类事情处理不当,不仅会发生经济上的一系列问题,而且可能出现政治性和社会性的不良后果。我国社会主义公有制所决定的“共同富裕”目标,更对政府收入再分配调控赋予了重大意义。

对于通过收入再分配调控区域差距和社会成员收入差距,财政可以发挥并应当发挥主要的作用。这里分别作简要考察。

1. 调节地区差距

有多项研究表明，自改革开放以来，特别是20世纪90年代以来，我国的地区差距一度有所扩大。虽然许多市场经济的实证材料表明，在一定的经济发展阶段上，区域间差距扩大难以避免，但政府却必须自觉地关注对这种扩大的制约，并力求主动把握好缩小差距的时机与进程。影响、调节区域差距的财政手段，可以分为收支两大方面。

在收入方面，主要是通过适当的区域性税收优惠，对不同地区的发展态势产生影响，使一部分地区的经济发展得到“政策倾斜”而较快一些。由于多种原因，我国于21世纪的第一个十年前后，开始对经济特区和沿海地区的税收优惠力度较大，反映着“梯度推移”在一定程度上成为现实的发展战略安排。然而这种“倾斜”决非可以一成不变，长此以往。当市场经济有了一定发展之后，就应当加强规范性，讲求公平竞争，构造统一市场，并注重“先富”地区对“后富”地区的带动和支援。这一角度的调整在提出两部大开发后已经开始，对特区和沿海地区的较大优惠逐步有所淡化，对西部和中部则一度强化。以后，按照建设和完善社会主义市场经济的统一大市场的取向，按照区域而区别对待地实施税收优惠的办法，转向按照产业政策适当设计和实施税收优惠的方向，即要使各地税制环境逐渐归一到统一大市场的规范上来。

在支出方面，对于调节地区差距影响最大的，一是预算安排的重点建设，二是政府间转移支付。但在改革前后，两者各自作用的程度和方式都不同。

(1)我国“一五”时期开始的大规模经济建设，以预算内安排的“156项”重点建设为代表，显著改变和塑造了我国的生产力布局，为建立独立的工业体系搭起了一个初步框架，同时也对于区域差距的调节产生了深远影响：东北和中部区域一些重工业基地、机械制造业基地的形成，对这些区域的经济和社会发展产生了极大的辐射、带动作用，使旧中国留下的畸形的产业结构和区域间极度不平衡的状况得到了调整。与以后的国际政治、军事形势等因素相关，我国上世纪60年代实行的“大、小三线”的建设，虽然现在看来有种种失误，代价甚大，但客观上也对于生产力布局和区域差距调节产生了重大影响，使中西部与沿海东部区域的整体差距有所缩小。

改革开放以后，随着管理体制的转变，我国经济建设支出占财政支出的比重和中央财政安排的基本建设支出占中央财政支出的比重都呈明显降低趋势。前一比重由1978年的64.1%降为1995年的41.9%；后一比重1990年为39.5%，1995年跌落到只有7.0%（《中国财政年鉴》(1995,1996)，以后数据凡未特别标明来源者均出自历年《中国财政年鉴》与《中国统计年鉴》)。这同时也就意味着财政支出对于产业结构、生产力布局和区域差距的直接调节能力大为减弱。在改革的进一步深化中，指望这种依托于直接投资的调节能力恢复到历史水平是不现实的，也是不合理的，值得注重的是在充分、合理运用有限的“重点建设”直接投资手段的同时，发展和增强其他依托于间接调节手段的调节能力。

(2)在新中国成立之初，曾短暂地实行过最为高度集中、真正统收统支的“收支两条线”财政管理体制，但很快便向“分级财政”方向演变。其后，不论是在“收支挂钩、总额分成”的体制下，还是在“划分收支，分级包干”（“分灶吃饭”）的体制下，都形成了中央财政对部分欠发达地区的补助支出和部分较富裕地区对中央的上解支出。这是一种不同级次和区域间的政府财力转移支付，它客观上起了“抽肥补瘦”、调节地区差距和体现特定政策倾斜等作用。

过去数十年间，转移支付的具体规定是频繁变化的，往往同一时期的内容也相当复杂。以1992年除若干分税制试点地区以外的中央、地方间财政体制为例，中央与地方“分级包干”中上解或补助的具体样式可分为下表中的五大类。

1992 年中央地方财政包干体制概况

省(市、区)	固定比例留成(%)	固定比例增长留成		定额上缴(亿元)	定额递增上缴		定额补助(亿元)
		(1987 年基数)留成比例(%)	固定年增长率(%)		初始定额(亿元)	年递增率(%)	
山西	87.6						
安徽	77.5						
河南		80.0	5.0				
河北		70.0	4.5				
北京		50.0	4.0				
哈尔滨		45.0	5.0				
江苏		41.0	5.0				
宁波		27.9	5.3				
上海				105.0			
黑龙江				3.0			
山东				2.0			
广东(含广州)					14.1	9.0	
湖南					8.0	7.0	
内蒙古							18.4
新疆							15.3
西藏							9.0
贵州							7.4
云南							6.7
青海							6.6
广西							6.1
宁夏							5.3
海南							1.4
甘肃							1.3
陕西(含西安)							1.2
吉林							1.1
福建							0.5
江西							0.5

很显然,这些具体的上解或补助的体制规定,对各地的实际可用财力和社会经济发展形成重大影响,进而成为一种施加于区域差异的强烈作用力量。但历史上这种种体制规定的一个重大缺陷就在于,其中

诸多差别对待、数量划分安排的客观性、科学性很不充分，具体的上解、补助数额的确定很不规范，带有浓重的一对一谈判、“讨价还价”色彩，很难避免非客观的“鞭打快牛”因素和人情因素导致的“苦乐不均”。概言之，其基本的决定性因素，首先是“基数”，即每一个特定体制的基年各地的收支数额，这是核定转移支付的基本参考依据，但由于种种历史的与现实的、客观的与主观的原因，各地基数的可比性是相当差的，加之各地为了在一个数年不变的“体制周期”中争取自己的最大利益，都倾向于“做手脚”压低自己的收入基数，提高自己的支出基数，以便尽可能减少上解或多得补助。其次，还有一个基数的调整问题，即各地收支数额要逐一确定从基数上调或下调多少（或维持不变），主要通过中央与各地的谈判解决，其间双方代表的谈判技巧、背后的种种影响因素乃至当事人相互的熟识程度和感情因素，都可能发挥作用。这样，最终确定的方案，其合理性高低，就很难说清了。几乎每项方案刚刚确定，便会引起种种攻讦和争议，难以稳定下来。因此，转移支付这样一个作用甚大的手段，在“基数法”为基础的情况下，却颇多主观性质并极易引起争议和摩擦，自然要妨碍其功能的充分发挥。

针对这种弊病，我国理论界和实际工作部门在研究改进思路的过程中，形成了一种共识，即要借鉴市场经济国家的经验，变“基数法”为我们所称的“因素法”，将方案放置在比较客观、科学的基础上。

我国 1994 年的财税体制改革，使以分税制为基础的分级财政新体制初步入轨，同时也要求建立新的以“因素法”为基础的“资金向下流动”的转移支付制度。但由于种种客观因素制约，1994 年新体制的过渡色彩尚十分强烈，使得现实情况与理想目标反差较大。新财税管理体制运行一段时间以后，人们发现东部地区与中西部地区的差异尚没有得到有力的调节，甚至欠发达地区感到财力困难的问题更为突出了。概括分析其具体原因，首先是新税制虽然维持宏观税负基本不变，但客观上基础原材料等“上游产业”的实际税负有所上升，而加工、零售等“下游产业”的实际税负有所下降，由于前者在欠发达地区比重较大，而后者在发达地区为数更多，所以这在一定程度上加大了欠发达地区企业的比较负担，同时当地的税收增加因素按分税方案又大部分归中央；其次，烟酒等产品的消费税按新体制规定要100%上交中央，这对于十分倚重烟酒财源的欠发达地区打击最大；第三，考虑到体制所必要的规范性，1994年在增值税0.75∶0.25共享等方面没有对欠发达地区开任何优惠的口子。因此，欠发达地区的财政困境不但未得到明显缓解，有些地方一度还有加剧迹象。但是应当看到，按照分税制新体制的设计思路或内在逻辑，本来是具有解决欠发达地区财力困难的手段的，即中央从财力分配中拿到大头之后，可以并应当逐步加大自上而下的转移支付力度，并且这种基于“因素法”的转移支付必将把财力支持的重心明显倾斜于各欠发达省区，达到缓解他们的财力困难并合理调节区域差异的目的。问题是1994年之后，出现了出口退税额猛增并大大超出测算数额等始料不及的情况，而按照体制规定出口退税是完全归中央负责的，出于不得已，几百亿元之巨的出口退税要甩在以后年度逐步“消化”，这在很大程度上打击了中央财力状况，限制了中央财政实行转移支付的能力。总之，全面地看，欠发达地区财力困难仍然比较突出这个问题，其实并不是1994年新体制的内在缺陷，而是新体制在转移支付方面的重要功能尚未到位的结果。

现实生活在迫切呼唤财税体制改革的进一步深化和新转移支付制度的出台。对此的积极回应，是财政部于1995年度办理与地方财政结算时，正式推出了《过渡期转移支付办法》，借以确定对各地的一般财力补助，使财政转移支付资金的分配更趋规范、合理。

之所以称为“过渡期转移支付办法”，是考虑到一步到位地建立规范的转移支付制度，条件尚不成熟，但无疑应以其作为长远目标；这样近期内便有必要选择一些客观性因素及政策性因素，采用相对规范的办法，逐步向远期目标靠近，最终实现目标模式到位。这一办法是在不调整各地既得利益的前提下，从中央财政的收入增量中拿出一部分资金，重点缓解地方财政运行中的突出矛盾；其设计上的基本特点，是按照各地“财力”低于“标准支出”的差距作为确定转移支付数额的基础，同时适当考虑各地的收入努力程度及支出结构，并对少数民族地区增加政策性转移支付。在这一办法的初始设计中，选取的因素包括客观因素30余项、政策性因素7项。虽然这仅是一个比较粗线条的、过渡色彩还颇浓重的转移支付办法，但却是一个意义重大的新开端，它跨出了由“基数法”转向“因素法”的关键、坚实的一步，是新思路实施中一个良好的起点。

1995年度，中央财政拿出20亿元以上的资金，依《过渡期转移支付办法》实施对地方的一般性补助。按照计算结果，获最高补助额的为贵州省(2.5亿元以上)，各少数民族地区和其他边远欠发达地区都各有“收获”。1996年中央财政的这种补助又增加了10多亿元，并且在方法上有进一步的改进。地方的同志们反映，这是多少年来补助资金分配最顺利平稳的一次，没有什么可扯皮的。虽然还有不少同志感觉中央补助总资金规模太小，“像是下了一场毛毛雨，雨下到了该下的地方，但未能解决很大问题”，但这毕竟使我国的政府间转移支付走上了新轨道。其后按照新财税体制和新转移支付思路的内在逻辑发展下去，这场毛毛雨越下越大，在调节区域差距方面发挥了愈益重要的作用。

2. 调节个人收入差距

改革开放前，我国曾在个人收入分配方面长期实行低、平政策，城乡居民的收入水平差距都不大。而改革开放后，特别是进入90年代之后，居民个人收入差距明显扩大。据有关部门调查统计，1995年10%

的最高收入户的人均可支配收入与10%的最低收入户的人均可支出收入之比，由1990年的2.9倍扩大到3.8倍。

按照建设有中国特色社会主义的理论，中国的发展要坚持共同富裕的方向，这是一条原则。但“共同富裕”的过程不可能是所有人齐头并进，所以要允许并鼓励“一部分人先富起来”。因此，一定阶段上居民收入分配差距的拉大，可以说是不可避免的。关键在于政策上对差异程度的把握以及调节时机、方式的把握，即力求适度、适时、合理而可行。

过去，政府调节居民收入分配主要有覆盖面极广的直接的工资控制等手段；改革之后，企业及相当一部分企业化事业单位的职工工资已脱离这种直接控制，只有财政供养人口（公务员、公办教师等）的工资尚在直接控制之中，但已不构成居民总收入的主要部分，而且在财政供养人口中直接控制之外的各种“工资外收入”也迅速增长。从总体上看，社会主义市场经济中，政府须主要运用“经济参数（杠杆）”手段间接调节社会成员收入差距，即居民收入再分配的环节，是政府调节的重点，而调节的最主要手段，便是财政手段。没有任何别的手段可以在这方面发挥比财政手段更大的作用。

具体考察，财政调节社会成员收入分配的主要手段，一是税收（主要是属于“直接税”的若干税种），二是转移支付支出（主要是救济扶贫、社会保障、义务教育等）。

（1）我国现行税制中调节居民收入分配的最主要税种，当推个人所得税。按照规定，在中国境内居住的个人所取得的收入（居住一定年限以上者含境外收入），都应依法缴纳个人所得税，具体的应税所得包括工资薪金所得、个体工商户生产经营所得、劳务报酬、稿酬、利息股息红利所得、财产转让所得和偶然所得等等。按照2018年修订的个人所得税法，工薪所得、稿酬、劳务报酬和特许权收入四项综合在一起，实行超额累进税率。

这种税率有明显的随收入增加而加大税收调节力度的倾向。每当收入量超过一定界限,超过部分的税率便跳高一档,收入水平越高,实际税负越高。如果收入水平降低,实际税负亦阶梯式回落。所以,它是调节个人收入畸高情况的有力手段,并且具有与经济景气周期逆向的"反周期"调节作用,被称为经济的内在稳定器(前已论及)。2018 年我国个税改革这方面的偏颇,是只对 4 种劳动收入作了综合而完全不涉及非劳动收入,而且最高边际税率仍高达 45%,明显形成了对劳动收入的税收歧视,并过高地形成了专家型人才和高科技企业的相关税收负担。

1994 年财税配套改革后,我国的个人所得税征收额增长十分迅速,1994 年为 72.67 亿元,1995 年达到 131.39 亿元,增长 80.8%;1996 年又比上年净增 61.67 亿元,达到 193.06 亿元,增长 46.9%。之所以能出现两年增长近 1.7 倍的情况,一方面固然是由于经济的蓬勃发展扩大了税基,另一方面则是由于加强稽征管理减少了税源的流失。主要问题仍然是征管体系和手段比较落后,税源的流失还相当严重。为了充分发挥个人所得税的调节作用,就需要进一步加强征管。我国借鉴这方面的国际经验,在通过宣传教育逐步提高公民纳税意识的同时,分步骤发展了纳税人自动申报的纳税方式,并积极采用现代科技手段加强源泉控制和税收稽核与监察,严厉打击惩处偷漏税行为。经过持续的努力,我国个人所得税的调节能力已更多地显现出来。

另外,在调节居民收入分配方面,我国应当研究开征遗产税。对遗产课取的税收,是一种收入再分配调节作用大而"副作用"很小的良税。每个人都逃脱不了生老病死的自然规律,在遗产税的制度屏障面前,一个千万富翁或亿万富翁,如果去世,其万贯家财只有在完税之后,才能合法地转移给他生前指定的财产继承人。遗产税在主要市场经济国家已有了多年的实践,税率通常都设计成累进的,越是富户,实际税负越高(最高边际税率英国历史上曾超出 80%,美国 2000 年前也在 50%左右)。这样的调节形成了市场经济中所谓“没有三代以上的富豪”的情形。于是,这种“罗宾汉(欧洲历史上著名的劫富济贫的侠盗)税种”有削平富豪的积极作用,同时也会促使“先富起来”的人更多地关心公益事业和慈善事业,以及更加注重子女(继承人)的教育。因为与其交纳高额的遗产税,不如把钱财捐助到公益与慈善事业上去,一方面抵顶了税收,另一方面又可以“流芳百世”,满足“先富起来”的人的心理要求;而且由于子女不能过多指望父辈的遗产,就必须注意学得真才实学以求将来借此在社会上安身立命。这些,都会对社会生活发生良性的影响。

近些年,中国的“富豪”们正迅速增加,研究开征遗产税无疑具有重大而长远的制度建设意义,并且可望于立法开征后发挥越来越显著的调节居民收入分配、抑制两极分化的作用。作为遗产税的配套事项,亦应设立赠予税。另一重要配套事项,是应大力加强公益性基金会的规范化制度建设。

在调节居民收入分配方面,还有一个重要的税种,即房地产税(或称“不动产税”)。这是市场经济国家较通行的地方税种。它除了可以成为筹集财政收入的有效手段之外,还具有十分重要的经济、社会调节作用:一方面对使用房地产的生产者因地段位置、用地规模等因素而获得的某些级差收益作调节,促使他们开展大体平等的竞争;另一方面对使用房地产作为消费资料的居民的收入作调节,使他们在个人不动产配置方面的动机与行为,得到一定的外部制约与引导,并适当缩小居民的收入悬殊。我国城市的房地产税除税基评估、税率设计等方面的种种欠缺外,突出的问题之一便是未覆盖非经营性的房产,而我国私人所有的非经营性房产几十年来呈明显增长之势,城镇富裕阶层的私房显然应属房地产税的调节对象。为有效发挥税收在这方面应有的调节作用,可考虑借鉴市场经济的通行模式,在时机成熟时立法征收,定期重新评估税基。

(2)财政调节居民收入分配的另一个重要手段,是对于部分社会成员的转移支付支出,如社会保障方面的救济扶贫支出,失业与养老保险支出,医疗保健支出,以及助学金支出等。这些主要是把来自较富裕阶层社会成员的税收收入,转而用于改善低收入阶层居民、丧失劳动能力居民及其子女的生活、保健、教育状况,提高或维持其实际收入与福利水平。这种支出对于调节居民收入分配、维护社会安定的意义和作用是显而易见的,并且在完善社会主义市场经济新体制和走向"共同富裕"的中国,这种意义和作用在今后将变得更为重要。过去,我国社会保障的许多事务曾下放到企事业单位和农村基层机构分散承担,是政府职能的一种特殊"分解放权"。改革后,养老、失业、医疗等项目的资金来源处于逐步扩大覆盖面的社会性"统筹"过程,反映了市场经济对于政府职能归位的客观要求。今后需借鉴国际经验,结合我国实际,形成主要以社会统筹收入账户(远景目标则为社会保障税形式)为规范化资金来源,配以个人账户,由财政部门管理的社会保障预算配套协调的社会保障体系,则可以较好地发挥财政在此方面应起的作用。由于社会保障是政府为主体或政府调控下的再分配,理应由政府理财部门牵头协调其长期可持续的财力支持系统。我国基本社保基金长期分散管理、"五龙治水"的局面,弊病很大,极有必要改变。

(五)支持社会公益事业和可持续发展

提供公共产品与服务(包括参与准公共产品或半公共产品的提供),是政府与财政的共性职能,这在具体形态上表现为政府以财政资金支持社会性公共服务事业、公立教育与文化事业、公用基础设施、基础性的科学研究等等,并通过环境保护、资源合理开发利用来维护可持续发展。

原则上说,对属于“公共财(公共产品)”性质的事务,政府出资责任是不言而喻的,虽然同时可吸引民间资金参加,但一般必然需要由财政充当中坚力量。从具体形态考察,这些事务巨细不一,内容繁杂,大体可分为几类:

——基本公共服务。如交通指挥(包括路灯、路牌、航标、灯塔等识别导向系统的设立与维护)、国家防卫、社会治安、公安检察司法、江河疏浚、环境卫生、公共广播电视、气象预报、文物保护、消防急救,等等。

——公益性质的基础设施。如公共道路、桥梁、隧道、引水排水设施,防洪堤坝、防风林带、公共绿地、公用厕所,等等。自来水与供气供暖设施、公共汽车、地铁等,以及大众住宅,往往既可带有一定经营性质,表现为收取使用费,又可带有一定公益性质,表现为财政给予政策性补贴(无补贴的通信设施、收费道路、铁路、港口等,则属于商业化运作的基础设施)。

——社会人力资源开发、人口控制与基础科学研究。如所有与提高社会成员素质有关的公立教育、培训、文化事业、计划生育、非应用性(但为整体科技发展所必需)的基础科学研究,等等。

——环境保护。如对工业“三废”的监测和控制处理,生活垃圾的集中处理,原始森林、野生动植物、珍稀物种的保护,水资源与矿物资源的合理开发利用,以及江河防洪,森林、草原防火,国土防治沙漠化,等等。

政府通过财政支出安排,资助、支持这些事务,才能保证社会公用、公益事业的正常运作。吸引民间资金进入公用事业、基础设施、教育等领域,是市场经济的重要经验,一些灵活方式,如收费高速公路与桥梁,BOT(由非政府机构或公司进行项目建设,经营一段时间获得回报后,再转交给政府),私人办学等,改革开放后已在我国国内出现甚至流行,通信行业的独家垄断局面也已打破,这些都具有积极意义,并且今后仍有很大的发展潜力。但是,所有这些,并不能否定财政在公共服务、公益事业等方面总体而言的主导地位和作用。比如,要是国内大多数的道路、桥梁都收费,那将是绝对不可取的;政府收缩公立教育支出而主要依靠私人办学,在中国也是不可想象的;如此多的公共事务,还是主要依靠财政支持才能正常运转。

可持续发展,是当代经济与社会发展中为各方面所日益重视的大课题,强调的是环境保护、人口适度、资源节约与合理开发利用前提下的发展。环境的污染,是西方经济理论所讨论的负的"外部性(externality)"或外部成本的一个明显的例子,市场机制无法对此有效调控。而且,某些生产经营行为在环境污染、生态破坏方面所造成的问题和差错,不仅当事人没有经济上的动力予以有效防治,一般公众也往往对之感受不太强烈,或者虽有抱怨而无力改变,要经过一段时间,如三年、五年之后,危害性明显了,社会各界才会予以很高的重视,而届时可能空气、水流的污染已到了非常严重的程度,生态环境已遭破坏,如草原已经沙化,水土已经流失,要想再予以挽回,往往非常困难,在短期内甚至是完全不可能的。此类问题的积累,将会危害乃至打断人类社会经济发展进程。因此,环境保护、生态平衡这种需要有一定远见、通盘考虑的大事,必须由政府为主体出面协调引导来做,必须运用严密的法规,并且离不开财力的支持。财政对此是责无旁贷的。我国实现经济起飞后的情况,恰恰是这方面的问题相当严重,欠账很多,政府与财政应起的作用远没有发挥到位。为防止重蹈不少工业化国家破坏环境的覆辙,避免付出过于沉重的代价,国家各有关部门已对环境保护和可持续发展方面予以高度重视,并也在积极推进国际合作。对于资源的节约和合理开发利用,市场机制往往"力所不逮",会陷入微观效益与宏观效益、短期直接利益与长期社会利益的矛盾之中,必须实行国家干预。对此,除了财力投入的方面之外,财政的资源税、特种行为税等,是可用的调节手段。总之,在我国今后追求高质量可持续发展的现代化历史进程中,财政理应对可持续发展发挥更大作用。

（六）监督与规范经济活动

财政的分配,既然在具体形态上表现为筹集资金、运用资金的预算收支安排与执行,就注定相伴实施有关于预算执行情况和资金运用规则的管理与监督。由分配所派生的监督职能,其实现过程与结果,必然是作用于企业、事业、机关、团体等各类预算单位和纳税人经济活动的监控和规范,属于财政调控的一个组成部分。

社会经济活动需要有规则和秩序,社会主义市场经济的正常运转离不开法治化制度建设。财政对于经济活动实行监督与规范的依据,是国家的一系列法律、法规和制度条例。从具体方式或途径看,财政的监督规范,包括几种类型:

——税收监督与规范。在检查督促纳税人依法照章完税的过程中,可以对他们生产经营中的资金运作、财务分配、成本核算、财经纪律等实行监督,落实规范。

——预算支出监督与规范。在预算计划的执行过程中,必须要求和督促各预算单位依法照章执行资金运用的程序,按照规定数量、进度和用途安排支出;确有必要调整支出计划时,也必须按照程序和规范办理。

——国有资产管理监督与规范。财政是为国家理财,理所当然要建立健全国有资产的管理体系。尤其是我国,在体制转换中明确了政府作为社会管理者和国有资产所有者的两种角色身份,并组建专门的国有资产管理机构之后,对各类国有资产的管理,特别是经营型资产的运作,可以而且应当大力加强监督与规范。对于资产的评估、运营、产权交易等等,应通过监控使之依法照章纳入规范化轨道,防止国有资产流失和受损。在预算形式上,需在复式预算中形成专门的国有资产经营预算(亦称资本预算)。

——财务会计监督与规范。一切合法经营的市场主体和各类机关、团体、事业单位,在财务会计方面都须遵守某些必要的共同规范,在会计核算中形成真实准确的信息,并接受必要的监督。财政部门的职责包括牵头总领财务会计规范的设计、修订和不断完善,并以税务部门在课征环节把握成本扣除的规范,形成财务会计监督体系。这是为企业公平竞争、健康发展和各单位正常管理所必需的,也是财政监督作用的一个重要方面。

可知,财政监督的实质,是财政介入初次分配领域和再分配领域,以维护规范的形式,对经济生活实行管理与调控。这种全面的分配规范,是覆盖整个经济生活的。我国的财政监督,历史上一向发挥了重要作用。市场经济的发展,虽然使财政分配的许多方面发生变化,但并没有减轻这种监督的责任,毋宁说对于财政监督提出了更高的要求。监督的方式和手段,需要进一步健全,各个薄弱环节,应当努力消除。而且在新形势下,财政监督要使财政工作系统内部的业务、廉政监察,与外部的审计监督、社会监督等方面加强协调配合,形成全面的社会性经济监督体系。

(七)保证正常的政权建设与运转

这是国家财政最基本的共性职能的体现,注定如此,十分明显,不言而喻。然而,在某些教科书中,却似乎视而不见,只字不提。

前面已经作过分析,国家政权本质上是一种阶级统治的专政机关,虽然它也具有公共职能。社会主义国家的公共职能日趋扩大,专政职能将渐趋消亡,但在现阶段,仍不能否定后者的存在。国家财政的存在，是国家政权“以政控财，以财行政”的表现，自然要保证正常的政权建设和国家机器的运转，以及政治统治特定属性决定的政治要求。当财政通过预算收支安排将资金、资源配置到政权机关手中，维持其运转，包括为巩固政权而使用专政工具，维持警察、监狱等机关，为国家主权、领土完整、强大国防提供财力后盾，乃至社会主义国家为坚持公有制主体地位而采取某些特定的经济、政治行为，都是在贯彻这种职能作用。当然，“国家财政”并不排除、否定“公共财政”，后者仅仅是共性，前者则既包括共性又包括国家消亡前的个性。

客观地考察，财政保证政权建设与运转的开销，内在地存在着某种正常限度，即包含着对政权自身在精简和效能方面的客观要求。如果政权机构过分臃肿庞大，人浮于事，花销太多，便会形成过重的财政负担，并将这种负担放到全体社会成员身上去承担，这属于违反客观分配规律的表现——其对政府自身的公信力稳固性要带来破坏作用，便是客观规律所施加的惩罚。

我国前些年某些地区县、乡级政权的财政困难，引起了人们的关注。经过努力有所缓解，但还未做到完全消除。具体分析，一方面，出现拖欠公务人员工资、“吃饭”难保的情况，另一方面，普遍存在公务人员编制过大和财政供养人员数量过多问题，“吃财政饭”的人口占总人口的比重偏高，虽然曾多次要求实行机构、人员精简，但难度甚高，实效有限。从主要原因上看，我国政府行政事业机构庞大，层次过多，养人过多，加上分税制并未在省以下真正落实到基层，易发财力分配中的苦乐不均、调度失当，比例失衡，可以一般地解释县、乡级财政困难。只有从体制、管理、精简和培植与开掘财源几方面综合治理，才能解决好这种问题，正常发挥财政维护政权运转的作用。

四、我国财政收支平衡政策的再认识

（一）关于平衡政策的简要回顾

财政平衡的方针政策及其贯彻，是财政调控的重要内容。

我国的财政收支平衡政策，在建立中华人民共和国之初即已确立，其基本原则，集中体现为50年代“收支平衡，略有结余”的表述，沿用至70年代末期。实行经济体制改革之后，因连年出现赤字，“略有结余”已无法固守，曾提出“基本平衡”的目标，仍表现着努力维持年度预算平衡的取向。

“收支平衡，略有结余”的方针，代表了建国初期和“一五”时期财政工作经验的总结与理论升华。在高度集中统一的经济体制下，财政收支平衡对国民经济的总量平衡具有相当显著的影响作用，稳定财政，成为稳定经济全局的一个前提。此外，在重视财政平衡的同时，又于实践中发展了关于财政、信贷、物资综合平衡的认识，一方面指出，对经济全局的协调稳定，仅有财政收支平衡还不够，需要有综合平衡；另一方面仍然强调：财政、信贷两者的各自平衡，是综合平衡的先决条件，必须坚持。陈云同志1957年在《建设规模要和国力相适应》的讲话中指出，为防止经济建设规模超过国力，“财政收支和银行信贷都必须平衡，而且应该略有结余。只要财政收支和信贷是平衡的，社会购买力和物资供应之间，就全部来说也会是平衡的”。还指出：“财政收支略有结余是必要的，因为我国的经济建设规模日益扩大，便需要逐年增加物资的周转量，也就是要适当地增加库存量。所谓财政结余，并不是结余钞票，而是结余相应的物资”。（《陈云同志文稿选编（1956—1962）》，人民出版社 1980 年版，第 45—46 页）

上述原则，符合新中国成立初期历史阶段上社会经济状况、体制条件和国际环境的实际——其中最基本、最主要的决定因素是：第一，新中国成立之初只有实行高度集中的体制，才可能稳定市场与物价，较快地医治战争创伤，展开大规模的“156 项”式的重点建设，巩固刚刚取得的政权，第二，帝国主义的封锁，使我国的国民经济对外开放度相当低（主要是与苏东国家有规模不大的易货贸易），因而宏观经济平衡方面国际收支（外汇）的平衡当时只是次要的问题：第三，以上两点决定了当时我国宏观经济总量平衡影响因素的相对单纯，即归结为财政收支与信贷收支两大因素，又由于财政收支在国民收入分配中居于主导地位，因此从某种意义上说，抓住了财政收支平衡，就等于牵住了宏观平衡的“牛鼻子”。总之，当时财政采取“收支平衡、略有结余”的政策方针，是特定历史条件、体制条件下的正确选择。

需要指出，上述方针，从表面上看，与亚当·斯密等为代表人物的古典经济学派关于保持预算平衡的信念如出一辙。其实，两者决非来自同一思想渊源，亦不属于同一思想体系。古典学派的主张来自政府应尽可能“无为而治”的自由放任经济思想，其政策含义在于，政府对经济的干预是多余的；而我国的上述方针，出于政府在集中控制经济运行的体制下自觉保持全局稳定和协调的经济思想，政策含义是政府必须施行对经济运行的强有力的控制。

当然，上述方针原则在传统体制下的贯彻也决非一帆风顺。从“一五”时期结束到 70 年代末的 20 余年间的实践看，若干年中违反上述原则主要的具体表现形式，不是在预算中打赤字，而是由于种种原因造成“假结余,真赤字”,或决算时既成的赤字。最典型的例子是“大跃进”时期,由于高指标,瞎指挥,浮夸风,“工业报喜,商业报忧,财政虚收”,经济结构严重失衡,加之银行贷款规模过大,使用不当,“指山买树,指水买鱼”,导致通货膨胀严重,市场极度紧张,出现严重经济困难时期。然而,1958—1959 年,财政的日子表面上很好过,两年的决算都有结余;1960 年虽有些赤字,但以前两年结余抵补后,三年算总账,仍是结余。直到后来处理“大跃进”造成的损失时,经国务院批准,才在统计资料中将这三年如实表现为巨额赤字。现在回过头来看,这种情况给我们的启示是:财政收支状况和平衡程度到底如何,不能简单地看当年报表的数字,必须排除可能存在的“水分”,才能判别真实情况,认清经济的真实状态和影响国民经济的实质性因素。这一点现在仍然具有现实意义。

(二) 1979 年后实践提出的挑战

1978 年年底,党的十一届三中全会揭开了新时期的帷幕。20 年来,体制改革、对外开放、经济发展和迅速变化的社会生活,对于整个财政系统,提出了一系列复杂的新问题;过去几十年间奉行的收支平衡准则,也遇到了实际生活提出的严峻挑战。按我国财政统计口径计算,不包括国内外债务部分,财政收支除 1981 年和 1985 年略有结余之外,连年赤字;而且除 1979 年之外,基本上都是在预算中“主动”打的赤字,而不是在决算中“被动”出的赤字。1979—1996 年,累计赤字额为 3344.73 亿元(这里和下文各项统计数据,除特别说明之外,均出自历年《中国统计年鉴》和《中国财政年鉴》)。如作客观的评价,可以说“收支平衡,略有结余”的方针在现实生活中已经被改变和被舍弃,“基本平衡”的要求,也早已由连年赤字演化为“基本不平衡”的事实。

这里，需要从上述最基本的事实出发，将财政收支的失平放在足够宽广的视野内加以探究，以求说明其主要的形成原因和实际效应，并进而对今后应怎样给我国财政收支政策定向定位，提供一些依据。在作这些讨论之前，很有必要首先对改革开放以来我国经济的基本变动趋势和经济运行环境的主要新特点作一简要勾画——认清财政所面临的“挑战”的性质，是深入研究的前提。

我国经济改革的目的，是改造生产关系和上层建筑中不完善的部分以解放生产力。改革头绪纷繁，内容广泛，但是其主线，一言以蔽之，是“市场取向”，即从“计划经济”走向“市场经济”和从直接控制为主走向间接控制为主。其基本趋势，是把市场机制引入社会经济资源的配置过程并使之发挥较充分、基础性、决定性的作用，政府由过去的直接控制企业生产经营，转为主要通过对称作“经济杠杆”的市场参数（如税率、利率、汇率、折旧率等）的调节来间接控制企业运行态势。相应地，必然要求转变和调整政府职责，缩减直接控制功能，健全和完善间接控制功能，进而也必然要调整为实现政府职能提供财力保证的财政收支的外部配套条件及其自身的格局、规模和功能。

因而，这种强化市场力量、转变与调整政府职能、“搞活企业”的改革，必然不可避免地引起了经济、社会各个方面的一系列深刻变革，也使财政系统运行于其中的宏观环境，发生了许多意义重大、影响深远的变化。择其要者：

——所有制结构的变化。全民所有制（国有制）经济成分的比重下降，其他多种所有制经济成分的比重上升。非国有企业在工业总产值中所占的份额，1978 年为 32.4%，1996 年已达 71.5%；国有单位在社会消费品零售总额中所占的份额，1978 年为 45.4%，1996 年已达 72.7%。所有制经历了重大的结构调整，因而经济运行、宏观管理和国家财政的财源结构等方面，必然相应发生一系列变化。

——企业和一般金融机构作为市场经济主体的发育。经过十余年的改革,目前不仅非国有制企业已作为自主经营、自负盈亏的经济主体活跃于市场,国有制企业也已在很大程度上接受市场信号的导向(虽然还未充分摆脱对行政主管的依赖);不仅交通银行、民生银行和城乡信用社这样的金融机构已遵从企业化原则,国家各专业银行也愈益注重赢利目标(虽然尚未很好理清"政策性金融"与"企业化"的关系)。总体说来,企业自主投资成为大势所趋,银行等金融机构已深深进入了中长期投资领域,政府安排的投资中,银行信贷支持的比重由改革前的20%左右上升到80%以上,并且资金供应、分配的渠道不断扩展和多元化,出现了自筹、集资、利用外资等多种方式,企业发展对财政的依赖程度大大降低,财政分配在社会再生产和国民收入分配中的主导性影响作用已明显减弱。

——国际收支对国民经济调节作用的显著上升。随着对外开放,我国进出口贸易总额占国民生产总值的比率(亦称"开放率")由1978年的9.9%上升为1996年的35%以上。此外,截至1997年年底,我国先后批准利用外商投资项目30多万个,实际利用外资达到2000多亿美元(1997年12月11日《金融时报》)。我国宏观经济的总量和结构状况,业已紧紧联系于进出口和引进外资的规模与结构。在这种情况下,宏观的综合平衡如不考虑国际收支的调节和影响作用和国际市场竞争的形势,便无从谈起。相对于信贷收支和国际收支,财政收支在综合平衡中的地位和作用也明显下降。

——居民金融资产数量和作用的迅速扩大。随国民收入分配格局的演变,城乡居民金融资产出现了急剧增长,居民储蓄存款余额由1978年的210.6亿元猛增至1996年年末的38520.8亿元,增加了180余倍,全国金融机构存款总额中个人存款的比重已由1978年的18.2%上升为1996年的57.6%,与财政存款互换位置,取代了后者原来的支配作用。加上债券、股票等，我国城乡居民金融资产据估计 1998 年已达 6 万亿元以上。这种情况下，将居民所得的储蓄利息和有价证券到期兑现利息合计，一年有几千亿元，相当于国家财政收入年增量的数倍。如此巨变，不能不对国家财力分配和经济运行发生极大的影响，财政的债务收入、银行的资金来源，乃至国民经济的发展态势，都在很大程度上由居民的储蓄倾向和消费选择来左右。如何积极而有效地引导、调节居民金融资产，成为健全间接调控功能的重大课题。

——国民经济增长的周期波动更为明显。经济发展中的周期性波动，是世界各国都存在的普遍现象，过去我们在理论上曾回避社会主义经济的周期波动问题，并不是科学的态度。另外由于我国过去经济的几次大起大落与宏观决策指导失误有直接关系，也在相当大的程度上掩盖了更深层的再生产周期因素。改革以来，由于经济生活中市场机制的作用逐步强化，周期波动更趋显性化和“完整化”，正在摆脱传统体制下那种总是偏向于需求过旺、供给不足的“短缺经济”型周期轨迹。如何掌握“熨平”波动的反周期政策措施，成为宏观调控中不可忽视的重大政策课题。

上述各点，是从实证角度概括说明我国实行改革开放以来的若干重大变化对于财政体系所形成的新的约束条件和影响因素，以及财政分配在国民经济中的地位与作用的变化。财政收支的连年赤字，正是在特定历史阶段上的这种急剧变化的大背景下出现的。财政平衡原则所面对的“挑战”的实质，是财政收支政策在市场化改革所带来的资金分配多元化格局中，应当如何重新定向定位的问题。

（三）财政失平的主要原因

关于财政收支的失平与困难的成因，人们已有多种分析。效益制约、管理不严、分配关系不顺、政策性失误等通常解释,各自从一定侧面反映了存在的问题,但都还不足以说明为何在长达几十年的时间内赤字始终成为一个不得不接受的基本事实。原因有主要、次要和表层、深层之分,只有紧密结合改革以来的新变化趋势和新约束条件,以及最高决策层制定的基本战略目标以及目标贯彻中遇到的矛盾问题,我们才能揭示主要和深层的原因所在。

我国最高决策层发动改革实行开放的基本战略目标,是打通经济繁荣与振兴的必由之路,实现现代化建设"三步走"的宏伟设想。20 世纪 80 年代所采取的各种改革开放措施,既服务于本期的发展,更旨在为今后的长期发展创造体制前提和国际国内的环境与条件。然而,不论是改革开放,还是经济增长,都需要有社会、经济的相对稳定,都离不开某种最基本的宏观可控性。在体制模式和发展模式的转变中,发展是目标,改革是手段,稳定是条件。这样,由目标、手段到条件,三位一体地构成了发展、改革与稳定的连锁关系。20 世纪 90 年代末期,面对十余年来财政出现连年赤字、失平困境的主要原因,正需要从前述大背景之下稳定、发展、改革三种压力的综合作用来说明。下面简要分析这三方面对财政收支的压力以及在此大背景下财政收入机制自身的问题。

1. 稳定:"还欠账"与"安定团结"补贴

70 年代末,正值"十年浩劫"和"洋跃进"遗留下来的矛盾堆积如山,国民经济百废待举。国家于发动改革的同时,采取一系列措施缓解矛盾,调整关系,落实政策,"归还欠账"。主要的措施包括提高农副产品收购价格以提高农民收入,同时为了不影响城市居民生活而维持城市销售价格不变;提高城市职工工资,恢复奖金制度;解决干部、知识分子、上山下乡知识青年、街道居民中的大量历史遗留问题和现实待遇问题;修整教育、文化、艺术、宗教等方面的设施并恢复它们的正常活动;等等,都是增加支出的因素。又加上向地方、企业放权让利等减收因素,财政收支出现巨额赤字(1979 年、1980 年分别为 170.6 亿元和 127.5亿元)。在改革开放之初,为了尽快实现大局的稳定和理顺基本关系,这种“还欠账”的安排是完全必要的。具体分析,其中有些内容是“一次性”的,不再影响以后收支安排的基数,但也有不少要影响基数,有的还成为膨胀性极强的支出因素。特别是主要由于农副产品购销价格倒挂而形成的价格补贴,其规模迅速增加,从 1978 年的 11.14 亿元一跃而为 1979 年的 79.2 亿元和 1980 年的 117.7 亿元。80 年代,价格补贴的年均增加幅度为 18.7%,到 1990 年,补贴额已达 380.8 亿元。此外,在价格补贴迅速增加的同时,财政对国有企业亏损的补贴,也随亏损额的增加而直线上升(1979 年亏损额为 116.8 亿元,1989 年已增长为 749.6 亿元,财政当年补亏额为 598.38 亿元)。由于国有企业如何“劣汰”的问题一直未能很好解决,亏损补贴成为带上了政治色彩的“安定团结”的重要工具。仅价格补贴和亏损补贴两项合计,90 年代每年的规模超出 1000 亿元,高时可相当于财政总收入的 1/3。这可看作在财政预算中为宏观全局的稳定而付出的一种“稳定成本”。

2. 发展:普遍的“重要性”与支出刚性

十余年间,财政职能虽已有所调整,但在支持经济建设和各项事业发展方面,总体说来责任并未减轻。因为发展对于我国具有第一位的迫切性,财政的支持只能全力以赴。对财政支出安排来说,不论是直接用于经济建设方面的支出,还是科教文卫、基础设施等与经济发展配套方面的支出,都被认为具有不容置疑的重要性。比如,农业是国民经济的基础;重点建设是加快发展和优化结构的关键;“挖革改”对于提高效益不可或缺;教育是走向现代化的根本和百年大计;科学技术是国民经济发展的先导和第一生产力;公检法由于“稳定压倒一切”而必须大力加强;……从上述有关的各个部门的角度,都有充分理由提出;应当提高相关方面的支出占财政支出的比重。但是,在支出财力大盘子之内,提高一些支出的比重,必定意味着压缩另一些支出的比重,那么紧随其后的问题就是:有什么支出可以压缩?这种选择是极为困难的。我国在十余年间做出的实际选择,首先是压缩了国防费在支出中的比重,从1978年的15.1%和1979年的17.2%,降为1984年的11.7%和1988年的8.1%,但这种压缩已到极限,海湾战争之后,国防现代化引起各方重视,国防费比重有所回升;其次是压缩了生产性支出的比重,基建支出占财政总支出的份额,从1978年的40.67%和1979年的40.4%,降为1984年的31.6%,1990年的21%和1996年的11.4%。另外,增拨企业流动资金由1978年的66.6亿元降为1990年的10.9亿元——但这种状况后又难以为继,在财政重新承担增拨流动资金职责的呼声日趋高涨的情况下,1996年已回升为42.9亿元。除此之外,其他各项支出都几乎没有压缩的余地和可能。一再被人们打主意要压缩的行政管理费,实际上却是个刚性极强的部分,多次提出一年压缩10%,次次落空,1978—1983年,以每年10亿元左右的幅度增长,1985年之后,则以每年30亿—50亿元的幅度增长,1991—1996年更是年均增长115亿元以上。尽管如此,办公经费紧张,行政人员工资待遇过低,仍然成为突出问题。究其原因,首先是机构臃肿,精简机构的改革又中途受挫,但同时也要看到政府装备落后亟需改造、近年办公用品和相关劳务费、差旅费涨价幅度特别大等因素的作用,因而即使今后真正精简了机构,行政经费也不可能同比例削减。总之,改革开放以来,经济和各项事业发展方面资金的需要与可能这对矛盾表现得极为尖锐,支出安排的刚性很强,这也成为左右财政状况的最重大因素之一。

3. 改革:效益尚未充分发挥之前的“支持成本”与既得利益的“棘轮效应”

从理论上讲,改革应当带来经济效益的提高,从而带来财政状况的改善,但现实生活中,即使改革不出现大的失误,从改革的开始到其正面效应的充分发挥,也间隔着一段过程,而且从宏观全局上看,这种间隔往往要以若干年计。比如,农村改革释放出来的生产力,使我国广大农民基本解决温饱问题之后,将剩余劳动力和资金、土地等生产要素投入加工工业为主的乡镇企业,大大加快了农村经济乃至整个国民经济的发展步伐,但从宏观范围看,乡镇企业的迅猛发展,会在初始阶段内,推动基础原材料价格的普遍上升和各类企业加工产品成本提高,形成冲减财政收入的因素;同时又拉起对基础产品生产能力和基础设施供给能力的迫切需求,形成增加财政支出的压力。待大量乡镇企业走过免税期、较稳定地进入纳税期之后,才能明显产生与上述减收增支因素抵消的效应。因此,在预期的正面效应充分发挥出来之前,以必要财力支持改革过程至关重要。在我国城市改革方面,垫付“支持成本”对经济全局的意义和作用更为重大。据计算,80 年代对企业减税让利及其他形式的财政支持,净额为 3100 亿元(1991 年 2 月 8 日《经济日报》报道)。此外,物价、工资等方面改革引起的减收增支因素,也属于“支持成本”。唯其如此,有关的一系列改革措施才得以施行。改革的成本或代价,在我国已进行的改革过程中,尤其在城市改革和对国有企业职工的分配方面,表现出一种非常明显的“棘轮效应”(棘轮是一种只能单向转动的机械装置;经济学中“棘轮效应”指单方向变动效应),即每当财力的支持、扶助和政策的优惠形成职工、企业、部门、地方的既得利益后,便只能顺向调增,不能逆向调减:调增时,“事半功倍”,调减时,难乎其难,因此,每当某项改革措施出台,都要伴随财政或中央财政

“让一块”的“好处”，似乎这已成了惯例，承包、税利分流、分税制等等，概莫能外。在经济景气时，职工工资奖金固然“水涨船高”，不景气时，却一般不能“水落船低”：国有工业企业职工平均工资，在治理整顿时期的1989年和1990年，仍分别上升12.74%和10.66%，而这两年国民生产总值的增长率是4%和5.2%，工业国民收入的增长率是5.5%和6%，国有工业企业全员劳动生产率的增长幅度仅为1.46%和1.74%。各方既得利益的刚性，与改革所内含的调整利益格局的要求发生着极大的抵触，因而可用的调整方式，基本上只剩下了缓慢的增量调节，这使财力角度而言的“改革效益”与“改革成本”对比关系上效益大于成本的转换点，迟迟不能达到，严重制约着财政状况的改善。

4. 财政收入机制：财源结构的僵化，税收的累退性与财政性资金分散于预算外

前述稳定、发展与改革的三重压力，形成了一系列重大的财政减收增支因素。但是，改革开放以来的十余年间，我国的国民经济毕竟实现了举世瞩目的增长，1996年国民生产总值为1978年的5.37倍。按照一般逻辑，只要经济是不断增长的，社会剩余产品是增加的，“蛋糕”做大了，就提供了改善财政收支状况的前提。那么为什么这一前提却迟迟未引出缓解财政困难的结果呢？需要指出的一个重要原因，是我国在财政收入机制方面所存在的问题。最为突出的问题是：

(1)财政收入结构未能适应所有制结构和财源结构的重大变化，依然沿袭传统体制下的财源结构，过多偏重于全民所有制(国有制)经济成分，并对居民金融资产“开发”不足。历史上，从“二五”时期到“五五”时期，全民所有制企业提供的财政收入一直占财政总收入的80%以上，这主要是由当时的所有制结构所决定的。改革后，多种经济成分有了长足发展，非全民企业在工业总产值中的份额于十余年间上升了

1 倍多(达到 1996 年的 71.5%),在社会商品零售总额中的比重提高了 27 个百分点(达到 1996 年的 72.7%)。但是,1979—1987 年间,全民企业提供的财政收入的份额仍然高达 78.7%,非全民企业提供的份额仅为 21.3%。1991—1995 年,国有经济对财政总收入的贡献率仍高达 71.4%。同时,作为财源支柱的国有企业总体上说还处于改革的"阵痛"期,效益不佳的状况未得扭转,明亏加上暗亏的企业 90 年代中期大约占企业总数的 2/3。这样,业已狭窄的主体财源,加上主体财源丰度的下降,必然形成与经济发展程度相比较而言的财政收入不足。此外,国债(内债)收入十余年间虽然从无到有,并且年发债规模有了较大增长,但一个年度的内债收入也还不足居民金融资产总额的 1/20,且由于多方面的原因,很难依靠国债高债信的优势降低国库券利率,使债务筹资成本居高不下,加之仅中央财政可以发债,债务依存度过大,妨碍着对这一重大新财源的开发。

(2)税收体系的不完备和被冲击,造成税收收入的累退性。80 年代上半期"利改税"之后,我国财政收入的绝大部分已来自各项税收,这符合发展市场经济的客观要求。税收可以成为较规范地组织收入和调节经济的手段,按其一般功能,具有随经济的周期波动而相应地增加或减少财政收入的作用,因而在经济高涨时可以产生某种程度的抑制性的"降温"作用,在经济萧条时可以产生某种程度的刺激性的"升温"作用。其中,作为直接税主要税种的所得税,尤其是累进的个人所得税,反经济周期的"自动稳定器"的功能最为明显。但我国税制尚缺乏世界上许多国家具有的累进个人所得税的普遍调节,税制自身的累进性本来就很弱,又由于一系列其他原因,如税收减免过滥、偷漏甚多,曾大量实行国家所得呈高累退性的企业承包制(企业所得税按承包上交数倒算填入),以及地方政府"藏富于企业"的倾向等等,客观上形成了税收收入的累退性,即国民生产总值增量中的边际税收份额呈递减趋势。以1985—1996年各项税收总计额占国民生产总值的比率看，从23.85%逐年一路下滑到10.23%，从总体上印证了上述累退性的判断。

（3）预算外资金迅速增长，伴随政府财政性资金的严重分散和非规范的“体外运作”，使财政预算收支平衡状况对于整个政府系统真实财力状况的反映和解释能力不足。为调动地方和企业“积极性”而早在50年代初就设立的财政预算外资金，在改革开放后随分权的大动作而迅速增长。1993年改变口径，将企业专项基金与税后留利从“预算外资金”中排除出去之后，由地方财政和政府主管部门掌握的预算外资金年度收入仍相当于预算内收入的1/3以上，1995年的统计数为38.6%。这部分为数十分可观的财力，是凭借政府权力收取的，属于财政性质的资金，但由各部门分散掌握，不在预算收支计划和预算平衡状况上反映，所以预算收支平衡与否对于整个政府系统真实的财力状况的反映与解释能力就要打折扣。比如，把预算内、外资金收支情况合并，则1993年的政府财政性资金总收支情况是175.11亿元的赤字，赤字占支出的比重由预算内的6.32%变为预算内、外总计的2.94%。预算外资金虽然起到了一定的“调动积极性”的作用，却产生了日益严重的财力分散状况下的低效运作、苦乐不均、风气不正、秩序紊乱等问题，不能适应社会主义市场经济下政府财力规范运作的要求。（事实上，在预算外资金旁边，还有更不透明的所谓第三块“预算外的预算外”资金，问题更为严重。制度建设的方向是在清理整顿的基础上将“预算外”和“外外”都逐步归并入预算之内，实现“预算的完整性”。）

综上所述，稳定、发展、改革三方面在特定时期形成的财政减收增支的压力，以及财税体系自身的机制缺陷，可以综合地说明我国改革开放后十余年间连年出现财政赤字的主要原因。稳定、发展、改革三方面的压力，来自这一历史阶段所承接的历史遗产和最根本的战略性任务的要求；财税机制的缺陷，当然有宏观设计与指导方面的原因，但很大程度上也是财税体制实行重大变革过程中难以避免的现象;这些因素大都具有强烈的必然性。因此,我们可以得出如下结论:从最主要的成因而言,十余年来的财政困难和收支失衡是难以避免的,它可在极大程度上被看作这一特殊历史时期中的某种"必然"现象,而主要不是一种"失误"现象,它基本上属于那种社会经济发展变革过程中有希望走出的阶段性财政困境,而不属于那种出路不明的恶性的危机。当然,在政策制定、实施和发展与改革的具体指导中的失误以及管理的缺陷,特别是在分权改革中"由一种倾向掩盖另一种倾向"而发生的肢解、弱化财政应有职能和政府财力非规范化运作的种种问题,也难辞其咎,但这些毕竟还不是最根本、最主要的影响因素,否则无法解释整个时期中最高决策层屡次提出和强调集中财力、振兴财政情况下失平现象的一贯性。

(四) 财政失平的客观效应

1993 年以前,我国赤字的统计口径与西方通行的统计口径有极大不同,是将债务收入算作财政收入之后仍然入不敷出的硬缺口,即所谓"硬赤字",主要需向银行借款来弥补。因而在分析 1993 年以前财政赤字对经济的影响作用时,必须充分注意我国关于赤字的这一特定定义和相应而来的特点。

1. 扩张效应——虽然存在,但赤字已不成为通货膨胀的最主要因子

赤字代表着一定量的需求扩张因素从财政分配闸口释放出来,这一点在各国共通。完全以国债收入来弥补的"软赤字",只要不超出适度债务规模,其扩张效应一般可被控制为良性的,即可以有意用作反经济周期的安排,在经济萧条阶段刺激需求,"熨平"周期波动,一般不致引起十分严重的通货膨胀。主要西方国家由于连年发债与还本付息交

织，实际是以债务总规模（余额）的消长（及相关的收支乘数效应）来形成扩张或收缩的影响。

“硬赤字”与“软赤字”的不同，在于是以债务收入弥补“软赤字”后仍然入不敷出的硬缺口，便只有寻求债务收入之外的其他弥补途径，很容易引起“赤字货币化”的通货膨胀，使扩张成为较严重的需求膨胀。

但在现实生活中，赤字决非通货膨胀的唯一因素，而且完全无通货膨胀的经济发展在世界各国尚无先例，低度的和阶段性的“温和”通货膨胀常常被视为“可接受的”或“可容忍的”，因而需对具体情况作具体分析。

根据我国1978年后十余年间的实证材料，我们可以把财政赤字、财政向银行的借款、银行增发货币量和零售物价指数加以对比，如下表。

（单位：亿元）

年度	财政收支差额（原口径）	增发货币数量	财政向银行借款年末余额	零售物价指数（以上年为100）
1978	+10.17	16.60	—	100.7
1979	-170.67	55.70	90.2	102.0
1980	-127.05	78.50	170.2	106.0
1981	-25.51	50.10	170.2	102.4
1982	-29.34	42.80	170.2	101.9
1983	-43.46	90.70	199.57	101.5
1984	-44.54	262.33	260.78	102.8
1985	+21.62	195.72	275.05	108.8
1986	-70.99	230.53	370.05	106.0
1987	-79.55	236.12	541.96	107.3
1988	-78.55	679.55	576.46	118.5
1989	-92.30	209.99	684.56	117.8
1990	-139.60	300.35	801.06	102.1
1991	-202.70	533.40	1067.84	102.9
1992	-236.60	1158.20	1241.10	105.4
1993	-199.20	1528.70	1582.07	113.2
1994	-574.50	1423.90	1236.60	121.7

通过表中对赤字、财政借款、增发货币量和物价指数的动态比较，可以看出，我国1979—1980年那次较高额的赤字，与当年或下一年度的增发货币量和物价上涨之间，有比较明显的联系；但其后，某一年的赤字与当年或下一年度的增发货币和物价上涨就不存在十分明显的对应关系了，而某一年度较大的增发货币则与当年或下一年度的物价上涨存在相当明显的对应关系。这可以直观地印证本文前面已提到的改革之后由于体制变动、金融深化等原因，银行信贷自身对总体平衡与经济稳定的调节余地和影响作用大大增加了，而财政的影响作用则显著下降了。1980年出现的物价上涨高峰(+6.0%)，财政赤字还起着主要的作用，到1985年的物价上涨高峰(+8.8%)时，最主要的原因已不在于财政方面(当年财政收支为黑字，当年向银行的新增借款不到15亿元，前几年的赤字额也不大)，而在于1984年银行"突击放贷"、信用膨胀所造成的货币供应量超常猛增(由1983年的90.7亿元一跃而为1984年的262.33亿元)。1988—1989年严重的两位数通货膨胀，最主要的原因也不能归于财政赤字，更大程度上是来自于信用膨胀因素(1987—1988年赤字规模未变，向银行借款的年均增加数额与1986年持平，而货币增发量由236.12亿元猛增为676.55亿元)。还应当提到，1993年以后，我国又曾出现物价上涨、通货膨胀高峰，当年和其后两年零售物价分别上涨是13.2%、21.7%和14.8%。1994年已不允许财政向银行借款，赤字数额这一年虽然明显上升，但完全依靠国债弥补，原来滚存的财政向银行的借款余额还从1993年的1582.1亿元，逐年下降为1994年的1236.6亿元和1995年的1131.6亿元，说明这一轮高通货膨胀也不能把主要形成原因归于财政赤字。

因此，从近些年的情况看，财政赤字在我国通货膨胀的形成因素中，已不居于主导地位，不构成最主要的扩张因子。但这里也有必要指出，"不居于主导地位"，不是说硬赤字对于通货膨胀的压力不大，其引起的问题仍是不容忽视的。而且,如果考虑我国近年还有一块隐蔽性的所谓“挂账赤字”,则关于财政困境对通货膨胀的影响及其扩张效应的估量,就还需要加码。

2. 排挤效应——近年在我国并不明显

根据理论上的分析,当政府把(在国内)向社会筹资来弥补的软赤字用以扩张政府投资规模时,会对非政府部门的投资发生排挤效应,此长彼消,使非政府投资相对减少。至于“货币化”了的硬赤字,上述排挤效应依然存在,但主要是通过通货膨胀造成非政府投资的实际贬值而实现的。如果排挤效应伤害了非政府部门投资的活力从而妨碍了应维持的经济增长,当然不好,但这不是绝对会发生的:一方面,政府赤字投资的排挤效应能够在一定程度上为其于另一方向上同时产生的拉动投资需求的“乘数作用”所抵消;另一方面,“排挤效应”如果与政府有意进行的经济结构合理化调整结合在一起,则可以改善资源配置,对国民经济产生有益的影响——特别就软赤字而言是如此。

从我国的情况看,尽管连年赤字,但基建占财政支出的比重是显著下降的(从 70 年代末期 40% 以上降为 1985 年的 31.6%、1990 年的 21% 和 1996 年的 11.4%),经济建设费占财政支出的比重由 70 年代末的 60% 以上降为 1985 年的 48.5% 和 1995 年的 41.9%。由此看来,我国这些年的赤字(既含硬赤字,也含以债务弥补的软赤字)其实不是偏向于增加政府投资性支出,而是更多地发挥了“安定”作用,在优化全社会投资结构方面则作用相对有限。国民经济的积累率,1978 年为 36.5%,1981 年曾降为 31.5%,但 1985 年回升到 35%,90 年代更高一些,说明改革中通过多种措施扩大了非政府投资的比重。总之,我国这些年来财政赤字的“排挤效应”并不明显,或者可以说被种种因素抵消了。

3. 利益摩擦的缓冲效应——客观上发生着重要作用

我国国民经济作为以公有制为基础的社会主义商品经济,是一个由利益的统一性与差异性交织而成的整体,其中可以划出以中央、地方、部门、企业及居民家庭等构成的不同利益主体,它们在基于共同利益而相互依存的同时,又具有各自独特的利益追求。这种各经济主体间矛盾的对立统一关系,推动着现实的经济运行。

财政作为国家政权为实现其自身职能而对社会总产品的一部分进行的价值分配,处于各利益主体矛盾关系的交会点上。关于财权的每一项规定和关于财力的每一项收支安排,其实都是一种利益的分配。通过这种分配,财政不断地建立起连接统一性和独立性、局部利益与全局利益、短期利益与长远利益的桥梁。财政体制是在维护利益一致性的前提下,通过划分财权和制定规则,把各利益主体间财力配置和利益分配加以规范化的制度。不论在哪种财政体制下,财政收支仍然还具有一定弹性,因而收支结构是体制结构之后的又一层分配关系。在稳定、发展、改革的财力要求压力很大,而各方面既得利益的刚性又很强的情况下,地方、部门、企业都强调自己上交任务过多和取得的支出份额太少,都不愿接受维持财政收支平衡的"增收节支"要求,因而财政的收支安排不仅不能做到"尽如人意",而且必然要受到来自各方面的不满和指责。利益分配的矛盾,此时在现象形态上表现为各利益主体与财政的矛盾。财政在这种情况下打赤字,不仅是就其困境发布的一纸"公告",也是一道应付更大压力的"防波堤",而其实质之所在,是把各利益主体关于全局财力配置的矛盾摩擦在形式上转换为与财政的矛盾摩擦,然后,以财政失平困境形成各利益主体矛盾摩擦的缓冲和暂时妥协。因此财政的赤字,便客观上成为一种缓解利益摩擦的缓冲器和润滑剂。

从以上分析可知,从客观效应看,财政赤字确定具有两面性。一方面，我国这些年赤字主要的负面消极作用仍在于它为总需求膨胀推波助澜，有妨碍经济稳定协调发展的影响；另一方面，我国近年的赤字并未导致政府投资或行政经费相对份额的上升，而是主要偏向于支持社会安定性支出，这有别于多数国家的一般情况；而且在改革以来的特定时期，连年赤字成为资金供需矛盾和利益分配摩擦的缓冲器，这些在客观上对于社会与经济又有一定的正面积极的稳定作用。

（五）认识上需理清的几个关系和今后应把握的政策要点

根据前面的分析可知，要通过对财政收支平衡政策的再认识，认清新时期新形势下相关方面的客观发展趋势与主要作用因素，在如实承认赤字于特定阶段上、特定条件下的不可避免性的同时，全面地看待赤字作用的两面性。这样，才有利于今后正确制定政策，把赤字规模控制在可接受或可容忍的范围内，并且努力抑其负面影响，增其可用之处，因势利导。因此，有必要在认识上进一步理清如下的几个关系：

1. 凯恩斯主义赤字理论与我国现实的关系

20世纪20年代末，资本主义经济发生“大萧条”，即空前严重的生产过剩危机之后，凯恩斯通过对资本主义经济运行的分析，得出危机源于有效需求不足的结论，进而按照社会总供需平衡的公式：储蓄+税收=投资+政府支出，提出在经济萧条、投资者投资欲望不足、储蓄大于投资的情况下，应该使政府支出大于税收，即实行赤字政策，通过积极的“国家干预”使宏观经济恢复平衡状态，凯恩斯不落窠臼的分析和对策，被理论界称为“凯恩斯革命”，得到迅速传播，为不少国家的政府所采纳，在一段时期内取得了较明显的成效。

凯恩斯理论中的一些基本分析，在一定程度上揭示了宏观经济运行的内在联系，对我们有借鉴意义。但是，简单地把其赤字理论套用于我国，借以支持在我国“赤字有益”的观点，却是不妥的。这是因为：第一，凯恩斯理论与对策中所指的赤字，是西方通行口径的赤字，基本上是通过发行国债弥补的，如果换算成我国 1993 年之前的口径，则不能再将它们称作“赤字”。比如，美国是个典型的实行赤字政策的国家，整个 80 年代每年都有巨额赤字，但若按我国“硬赤字”口径换算过来，则不但赤字全无、年年收支平衡，而且还有可观的结余(《美国预算摘要 1990》)。因此，以凯恩斯主义的赤字理论为依据来支持在我国安排硬赤字的主张，是掉换了赤字的概念，论据不能成立。第二，凯恩斯提出赤字政策的基本前提，是宏观经济运行具有“有效需求不足”的内在倾向，这符合资本主义经济的一般现实。但在我国十余年间情况却大相径庭，主导的倾向不是需求不足而是需求过旺，有效供给不足。因此，在我国还未摆脱需求过旺主导偏向的这一时期中，凯恩斯赤字理论的对策意义是有限的。第三，凯恩斯所主张的赤字政策是针对经济周期中的萧条阶段的，并不适用于一切阶段，特别不能用于经济高涨阶段。与萧条阶段的对策正好相反，凯恩斯学派主张在繁荣高涨阶段采取财政收支盈余的对策，以利“熨平”周期波动。因此，把我国近十余年不论处于经济周期何种阶段而赤字始终存在的情况，与“正宗的”凯恩斯理论对照，则可知道，若真按凯恩斯的原则来衡量，这些年我国的赤字手段不是用得少了，而是用得过多了。

总之，凯恩斯的理论尚难以解释我国近些年这种特殊时期连年赤字的现实，我们也不应简单套用它来指导我国的政策实践。

2. 我国财政赤字与货币非经济发行的关系

1993 年之前，由于我国的赤字是财政的经常性收入与债务收入加在一起之后,仍然入不敷出的硬缺口,因此,当这种赤字发生时,便谈不上如何运用西方通行办法以国债收入来弥补,因为国债业已全部计入预算总收入了,不可能再拿来作第二次"弥补"。由此可知,对于我国的财政赤字,除了动用过去年度的财政结余来弥补之外(如果有结余并尚未动用,而且体制条件允许动用的话——某些财政结余实际上很难用来弥补赤字,如"分灶吃饭"体制下的部分地方财政结余之对于中央财政赤字,即使作了账面上的"弥补",也仅具形式意义),所剩的弥补手段,就只有向银行透支或借款。借款可被看作一种"有偿透支"形式,在还款遥遥无期的情况下,其对银行资金的实际影响,与透支无异。在其他弥补手段已用完时,中央银行若想拒绝财政的借款(透支),实际上是不可能的,因为在银行代理国库的情况下,国家财政未弥合的收入缺口,必定要表现到银行总的资金收支中去,造成强制的、既成的借款(透支)效果。

财政与中央银行,是共同控制需求的总量及整体结构的资金管理部门,财政的赤字与需求总量膨胀之间,存在一个有弹性的、由银行信贷来调节的中间地带(当然这个余地的大小并非任意,是由体制、信贷收支状况等因素所决定)。赤字是否引起货币的非经济发行和总需求膨胀,要与银行信贷收支一并考虑。具体分析,可大体划出三种情况:第一,若银行信用规模保有一个对总需求的充分的调节余量(即还有增加资金运用的余地,其在数量上大于或等于赤字额),则财政赤字释放的需求膨胀因素,银行有"承受能力",可以为银行所消化,而不实际地传导到总需求膨胀上去。这时透支或借款虽可能引出一定的货币发行,但尚能控制在经济性货币发行范围内。此种情况下,把银行的一部分资金来源用作财政透支或借款,从直接形式来说,当然是在财政有困难时,银行支持了财政;从更实质的内容来说,则是通过财政、银行配合,在财政收不抵支、失去平衡时,维护和实现了保持社会总供需大体平衡的共同政策目标。第二,若银行虽有一定调节余量,但小于赤字额,表明银行承受能力不足,这时超出调节余量的透支、借款额所引出的那部分货币发行,将成为非经济性货币发行中的“财政发行”,引出需求总量膨胀的不良后果。第三,若银行完全无调节余量,即完全无承受能力,则透支、借款引起的货币发行将全属财政发行,财政的膨胀因素,会全部转为需求总量的膨胀。因此可知,财政透支、借款对经济产生的后果如何,直接取决于银行有无调节余量。这个余量,一方面,在一定程度上是可以通过财政、银行的配合和综合财政信贷计划的平衡,自觉做出统筹安排的;另一方面,由于财政、银行资金的性质、运作方式、适应领域有别、两方资金分配与运用可调剂的“结合部”或“交叉部”资金并非任意大,所以在做出银行方面调节余量的安排时,也是有客观限度的,换言之,即使在预先统筹安排透支与借款的情况下,也不能不考虑其规模的客观限定。

总之,我国过去的财政硬赤字无疑容易引起货币的非经济性发行,但若认为两者直接对等,则失之简单化了。至于 1993 年后,纯以国债作为弥补手段的“软赤字”,与货币非经济发行的关系,就更加弱化并迂回间接了。

3. 财政状况与经济状况的关系

财政状况与经济状况密切相联,“经济决定财政,财政影响经济”,这是一般性的概括。但在现实生活中,两者的相互作用有时滞,有其他因素的加入,因而往往表现得比较复杂。本文前面涉及的历史经验和理论分析,实际已从不同侧面接触了这个问题,现有必要归纳出如下几点带有总结性的认识。

(1)从历史经验看,当年财政收支平衡,并不一定表明经济健康发展:经济中发生失误,一般都要过一段时间,问题才在财政上暴露。

“大跃进”是一次重大失误,但1958—1959年,财政的日子看起来很好过,两年的决算都有结余(实际上是“虚收实支”的假结余,若干年后的统计资料作了调整),1960年出赤字,才使经济问题在财政上表面化。1968—1973年,国民经济遭受“文革”严重破坏,生产受到极大损失,但这些年财政收支全是平衡或略有结余,实际上主要靠的是挤人民生活,是“勒紧裤带”过穷日子的平衡,即使这样,1974年之后也难以维持,出了赤字。1978年经济上提出过急要求,在十年浩劫的旧比例失调上,加上了新比例失调,但当年财政也是略有结余,矛盾的充分暴露是在1979—1980年出现巨额赤字。1985年经济已处于过热状态,国家动用大量外汇储备来进口家用电器或进口散件组装后投入国内市场,以回笼货币、稳定市场、平抑物价,加上其他一些临时性因素,使当年财政得到一笔经常性收入之外的一次性收入,出现21.5亿元的结余。有的同志曾据此得出财政经济状况根本好转的任务已经基本实现和经济过热对财政状况好转有利无弊的结论,投资消费双膨胀的势头没有得到有效遏制,遂使经济问题继续存在,财政赤字1986—1988年又回升到70亿—80亿元的水平。因此,不能简单根据当年财政状况判断当年经济状况。

(2)不论何种口径的财政赤字,并不直接等于经济中的需求膨胀(理论分析已如前述);反过来说,财政的平衡或结余,也不一定表明经济可以免除需求膨胀。这是财政、信贷、国际收支综合平衡的问题。银行1958年“敞口放贷”和1984年年底“突击放贷”的信用膨胀,引起在财政未严重失平情况下的十分严重的总需求膨胀,都表明了这种关系。改革前,我国银行系统的作用主要限于生产、流通领域的资金调剂,很少用于扩大再生产的基本建设投资,对总需求调节影响较小,在财政赤字与需求膨胀间形成的“弹性地带”也不大。1979年以后,随体制变动和改革进行,银行资金来源大为增加,投资贷款迅速扩张,于是银行自身对总需求的影响力大大提高,“弹性地带”也比过去加宽了。此外,对外开放后,国际收支的调节作用显著上升,资金的净流入或净流出已成为决定国民经济总供需状况的重大因素。因此,如果说,财政收支平衡与否同经济形势宽松与否,过去都不存在简单、严格的直接对应关系,那么,在改革开放后的今天,这种情况就更明显得多。

(3)从动态的、长期的角度看,经济的良性循环提供财政资金充裕的基础条件(经济决定财政);反过来说,财政较大或连年的赤字,一般对经济的健康发展不利(即财政又足以影响经济)。对于过大的赤字,信贷收支与国际收支没有余地加以消化,会带来总需求大于总供给的局面,使建设项目财力相互挤占,周期拖长,效益下降,物价上涨,国民经济不能稳定协调发展;如果赤字不很大,但连年发生,其膨胀因素未被抵消而累积起来,同样会引起上述情况。因此,在一般的原则上评判,仅强调“赤字无害”特别是“硬赤字无害”的结论是站不住脚的。当然,“硬赤字有害”的认识也不可绝对化,这由下面一点来说明。

(4)我国特定条件下一定程度上打赤字(包括硬赤字),是财政为经济全局服务而不得不用的手段。1979 年之后的赤字,一方面是旧问题和某些新的失误的影响所造成,另一方面,则属于在体制变动、经济调整和发展当中不得不为之的因素。1980 年之后,每年都在预算中主动打了或多或少的赤字,未必全都合适,而且连年打,对经济的负面影响是不可否认的;但总体说,如果不这样,一系列具体的改革措施和经济调整、稳定、发展措施,就难以出台。这背后,实质是一个长期和动态的利弊权衡问题。“两利相权取其重,两弊相权取其轻”。在尚未解决经济困难又要发动和推进改革(以谋求长远利益)这一非常时期中,决策上不得不如此(当然,如果控制得更好些,一些措施的步子更适度些,对“反经济周期”的安排更自觉些,赤字可能要小些)。在财政发生赤字的情况下,宏观决策上更应注意财政、银行间的协调配合和财政收支、信贷收支、外汇收支的综合平衡。今后若干年内，关键是要顺应市场化改革和实行宏观间接调控的客观趋势，通过包括财政自身改革在内的整体配套改革，解决现实的体制、政策问题，逐步使经济发展进入良性循环，使效益潜力充分涌流。如达此目的，财政状况的好转便将水到渠成。

明确了以上这些认识，再结合 90 年代随市场经济发展而大为显性化的经济周期波动趋势，我国财政收支政策定向、定位的要点，便已呼之欲出：

——以 1993 年的赤字口径调整为基点，今后应坚持不安排“硬赤字”，避免赤字以通过增发货币来弥补的“赤字货币化”现象。

——有必要继续积极、适度地运用国债手段(“软赤字”手段)来筹集收入和调节经济。财政赤字的计算口径，应按国际惯例(我国一度在付息的处理上仍与惯例不同，未列入支出，故赤字口径较小)。财政“赤字债务化”之后国债“借新还旧”的长期化、公开化，是一种必然发展趋势，关键在于如何实现债务规模与结构的合理化。

——应当努力加强政府财政性资金的规范、整合，加强财政收入与支出两方面结构的优化调整，以适应财源结构变化和政府职能转变。

——应当努力加强财政、信贷、外汇收支间的全局性协调配合，在改革中健全与完善社会总资金的宏观调控体系。

——财政应否保持当年收支平衡，应当纳入社会总供需平衡的轨道通盘考虑，不能绝对化。所以有必要由固守财政收支年度平衡的原则，转为采取旨在实现长期、动态中的综合平衡的年度弹性控制原则，赤字或盈余不拘，相机行事，以加强财政收支总量上的“反经济周期”操作。

五、社会主义市场经济中财政调控的体制依托：以分税制为基础的分级财政

财政体制，是政府与企业、事业单位之间以及各级政府之间财政分配关系上相对稳定的形式，它由一系列有关财政分配、财务活动的法律、法令、规章、条例等制度性的典章所规定，由这些制度、规定的施行而发挥作用，规范与调节财政领域中各个主体或当事人的行为。

我国传统概念的财政体制，包括预算管理体制、(国营)企业财务管理体制、行政事业财务管理体制、税收体制和基建投资体制等内容。其中企业事业财务体制是基础，预算体制是主导和代表(如"分灶吃饭"财政体制，即是以"分灶吃饭"预算体制为代表的财政体制)，税收体制、投资体制等则分别规定收入、支出方面的有关体制问题。

财政体制反映、规定、制约着国家(政府)与企业、中央与地方两大基本经济关系，也反映、规定、制约着政府理财的职能范围、管理重点和行为方式，是财政发挥其调控作用的框架和依托(如考虑到税收的制度安排也涉及政府公权主体与作为自然人的纳税人之间的分配关系，以及政府通过财政分配向中低收入群体的转移支付等，那么广义的财政体制实际也规制政府与居民的经济关系)。

（一）以往财政体制的演变和“分灶吃饭”后的主要问题

新中国成立以来的几十年间，财政体制经过了多次调整变化，在90年代实行“分税制”改革之前，比较大的变动至少有10次。

——在新中国成立之初的1950年，改变长期革命战争中财经工作分散管理的局面，实行高度集中、“统收统支”的财政管理体制。

——1954年前后，在1951—1953年提出分级管理、“高度集中”已有所松动的基础上，实行收入分类分成（即将财政收入划为中央、地方的固定收入与固定比例分成收入和中央调剂收入）、支出按隶属关系列预算、地方预算每年由中央核定的“划分收支、分级管理”体制。

——1958年随下放企业下放财权，实行“以收定支，五年不变”的财政管理体制，规定地方可在五年内，按照收入情况自行安排支出。但由于经济出现问题，这一体制只执行了一年。

——1961年，以自1959年开始实行的“总额分成，一年一变”体制为模式，与调整时期上划企业等措施相配合，重新将财权向中央集中，扩大中央固定收入，基建支出全归中央专案拨款。这一体制在1965年之后，作过一些旨在“调动地方积极性”的小改进，除了在“文革”动乱的非常时期（1968年）暂时实行“收支两条线”（即收入全部上缴，支出由中央分配）外，一直执行到1970年。

——1971年再次下放企业，下放财权，实行“收支包干”的财政管理体制，扩大地方财政的收支范围，按核定的绝对数包干，超收全部留归地方。

——1974年，在经济受“文革”严重破坏的情况下，“包干”体制已执行不下去，改行“收入按固定比例留成，超收另定分成比例，支出按指标包干”的体制，简称“旱涝保收”体制。

——1976 年，为解决固定比例留成体制收支不挂钩、不能体现地方财政权责关系的问题，再次实行“收支挂钩、总额分成，一年一变”的财政管理体制。1978 年，还在部分省市试行了“增收分成”办法。

——1980 年，在经济体制改革中，又一次下放财权，并按照经济管理体制规定的隶属关系，明确划分中央财政和地方财政的收支范围，实行“划分收支、分级包干”的财政管理体制，简称“分灶吃饭”体制。

——1985 年，在第二步利改税基础上，将“分灶吃饭”的具体形式改为“划分税种，核定收支，分级包干”，即按照税种和企业隶属关系，确定中央、地方各自的固定收入（所得税、调节税等），另有共享收入（产品税等）；支出仍按隶属关系划分。

——1988 年，在 1985 年体制的基础上，对收入上解比重较大的 17 个省、直辖市和计划单列市，实行了“收入递增包干”和“总额分成加增长分成”等不同形式的包干办法，至 1992 年时，形成了本书第三章中所列的 27 个省、直辖市和计划单列市的五种（大类）包干办法，简称“地方包干”。

新中国成立以来财政体制的频繁变动，是与国家整体的经济管理体制和经济、政治形势的变化紧密联系在一起的。财权在“放”与“收”、“集中”与“分散”之间屡经周折，也在很大程度上反映了持续、反复进行的对于“社会主义经济如何更有活力地发展”的探索。

实行改革开放之后，出现了国民经济发展极具活力的局面。其间，财政体制的改革是作为整体改革的“突破口”率先动作的，即 1980 年由原来的“总额分成”体制改为“分灶吃饭”体制。之所以当时选取财政体制为“突破口”，主要原因是在高度集中体制下运转着的国民经济整部机器不可能“停机检修”，服从于既要维持社会再生产正常进行，又要启动体制模式和发展模式的变换过程这种双重制约条件，只有先从改变分配环节的增量配置格局入手，下放财权，才能引出高度集中体制的某些变动而为后续的计划、企业、投资、金融、人事、物资等方面的改革提供条件。实行“分灶吃饭”之后，财政体制改革除预算管理体制方面的数度调整之外，十余年间还取得了如下一系列进展：

——调整国家与企业分配关系，扩大企业留利和更新改造资金规模。经过80年代初的利润留成，1983年和1984年的两步“利改税”，1987年后实行企业承包经营责任制的探索和90年代后逐步树立“税利分流”方向，形成建立现代企业制度的大思路和国有经济战略性改组方针，在扩大企业财权之后，又将企业独立商品生产经营者的法人主体和市场竞争主体地位，逐渐引上轨道。

——改革税制。初步形成了多税种配合发挥作用的复合税制，适应市场取向改革和国民经济发展与对外开放的要求，使税收在筹集财政收入和调节经济生活方面的作用大大加强。

——改革基本建设资金管理办法。80年代曾有“拨改贷”的探索，并在一些建设项目中试行投资包干办法和对工程进行招标、投标承包的经济责任制。从1988年开始，对中央级基本建设投资实行基金制办法。90年代，终于形成了与市场经济的国际惯例接轨、与现代企业制度相符合的企业注册资本金制度。

——改革行政事业单位管理体制与财务制度，强化支出约束机制。从1980年开始，对行政事业单位实行预算包干办法，有条件的事业单位实行企业化管理；对有收入和经济偿还能力的文教科研事业单位实行周转金制度，并建立科技成果有偿转让制度，等等。

虽然80年代以来财政改革有上述进展，但直至1994年实行“分税制”改革前，普遍实行的“分灶吃饭”框架内的财政包干制，却始终未能消除传统体制弊病的症结，主要问题表现在：

1. 仍然束缚企业活力的发挥

各级政府“条块分割”地按照行政隶属关系控制企业，是传统体制的根本弊病所在。在改革之后实行的“分灶吃饭”财政体制中，由于仍是按照行政隶属关系组织各级政府的财政收入，因而这一弊病于政府财力分配中以体制因素形式得到延续，只不过在行政性分权格局中，行政隶属关系控制总的来说从“条条为主”变为“块块为主”，由行政部门单一的指令变为指令加上企业实际很难违拗的“商量”和暗示。相应而来的是各级政府始终热衷于尽力多办“自己的企业”和对“自己的企业”过多干预与过多关照，“放权”难以真正放到企业——尽管国家“减税让利”走到了“山穷水尽”的地方，多数国有企业仍然迟迟不能“搞活”。搞不“活”的另一面是搞不“死”，企业经营不善，亏损严重，照样由政府搭救，基本上不存在规范的优胜劣汰、存量重组的机制，“破产法”对绝大多数国有企业形同一纸空文。也正是与行政隶属关系控制网络紧密相联，国营企业的行政级别，始终是对企业行为十分重大的影响因素，其厂长经理，总是作为行政系统“官本位”阶梯中某个台阶（级别）上的一员，这一身份与市场经济要求他们扮演的企业家身份，在不断地发生冲突。因为这两种身份必然要接受不同的信号导向，追求不同的目标，前者为行政系统的信号和官阶升迁的目标，而后者为市场的信号和企业长远赢利的目标。结果必然会出现企业的所谓“双重依赖”问题，而且在前述体制环境中，国有企业厂长经理对于上级行政主管的依赖（或跟从），必然是更为主导性的和“荣辱攸关”的。于是，企业自主经营仍步履维艰，大量的行政性直接控制或变相的行政控制，以及各种老的、新的“大锅饭”，难以有效消除。

2. 强化地方封锁、地区分割的“诸侯经济”倾向，客观上助长了低水平重复建设和投资膨胀

“分灶吃饭”财政体制与过去的“总额分成”体制相比，固然提高了地方政府理财的积极性，但这种积极性在增加本级收入动机和扭曲的市场价格信号的导向下，必然倾向于多办“自己的企业”，多搞那些生产高税产品和预期价高利大产品的项目。因而地方政府热衷于大上基建，兴办一般营利性的项目，特别是加工工业项目，不惜大搞低水平的重复建厂，不顾规模经济效益和技术更新换代的要求，并且对本地生产的优质原料向其他地区实行封锁，对“自己的企业”生产的质次价高产品强行在本地安排销售和阻止其他地区的优质产品进入本地市场。国家对烟、酒等产品规定高税率，本来是要达到限制其生产、消费的“寓禁于征”的政策意图，但在这种体制下，高税率却成了地方政府多办小烟厂、小酒厂以增加本级收入的刺激因素，发生了明显的“逆调节”。遍地开花的“小纺织”“小轧钢”“小汽车(装配)”等项目均与体制因素有关。收入上解比重较高的地区，地方政府还有明显的“藏富于企业”倾向，即对组织财政收入不积极，有意让企业多留利之后，再通过收费摊派等手段满足本级财力需要。尽管这些低水平重复建设、地区封锁、市场分割的做法，从每一个局部的角度，都可以举出一系列“正当理由”，但从全局看，却构成了推动投资膨胀、加剧结构失调的因素，对构建统一市场、提高整体效益、促进企业公平竞争和国民经济协调发展，产生了不利的影响，并阻碍地方政府职能从注重投资于一般营利性企业，向注重基础设施、公共服务和发展第三产业的方面转变。

3. 中央和地方的关系仍缺乏规范性和稳定性

各级财政支配的财力在极大的程度上取决于地方上解、中央补助

或共享分成的比例和基数的高低，而这些的核定又缺乏充分的客观性，难以避免种种“讨价还价”因素，各地都倾向于增加支出基数，压缩收入基数，提高分成比例。同时，预算支出虽“分级包干”，但在许多具体事项上并不能划清范围，结果“包而不干”，最后矛盾集中反映为中央财政“打破了统收，却实际并未打破统支”的困难局面；中央日子过不下去，又反过来向地方财政寻求财力，“分灶”之后调整基数和让地方向中央“做贡献”的做法屡屡发生。

4. 国家财力分散，“两个比重”过低；地方缺少必要的设税权和稳定财源，中央缺乏必要的宏观调控主动权

由于在体制上不能保证政府财力必要的集中程度和中央地方间合理的分配关系，一方面，在各行其是的减税让利超过合理数量界限的情况下，财政收入（不包括内外债）占国内生产总值的比重由1979年的28.4%滑落到1993年的12.6%；另一方面，随地方分权，中央财政收入占全国财政收入的比重由1979年的46.8%下降为1993年的31.6%。就财力分配关系而言，地方、中央各有突出问题：地方政府财权虽比改革前有所扩大，但却没有从本地实际出发行使较灵活的税种选择权，税率调整权和建立、健全地方税种的权力。在我国这样一个地区差异十分显著的大国，地方无一定的税权，不利于因地制宜地筹措财力和形成地方性的稳定财源。与此同时，就总体而言，中央财政本级组织的收入不能满足本级支出的需要，因而必须依靠地方财政的收入上解来平衡中央级收支，这种情况在世界各国是极罕见的，在很大程度上促成了中央政府调控能力的弱化和中央财政的被动局面，宏观政策意图的贯彻难以得到充分的财力保证。

总而言之，“分灶吃饭”代表的财力分配的行政性分权，还没有能够跳出传统体制把企业禁锢于“条块分割”行政隶属关系之中的基本

格局，也未找到处理中央、地方财力分配关系的比较合理、稳定、规范的形式，因而难以适应社会主义市场经济发展的客观要求。如果仅仅停留于这种体制，则将使深化改革遇到无法逾越的阻碍，必须跳出行政性分权思路，寻求实质性推进改革的新方向。

（二）我国财政体制改革的方向

从整体配套的角度考虑财政体制改革的方向，应是使财政体制的目标模式适应社会主义市场经济的总体规定性，具备如下几方面的体制功能：

第一，有效地维护企业的商品生产经营者、法人主体地位和企业之间开展公平竞争的外部环境，贯彻国家宏观经济调控权、国有财产收益权和国有企业经营权实行分离的原则，从而一方面使企业得到自主经营、发挥活力的广阔天地，另一方面使国家掌握必要的宏观调控能力和应有的国有资产权益。

第二，正确地体现政府职能和正确地处理中央与地方间以及不同区域间的利益分配关系，建立起稳定的财权与事权统一协调的分级财政，从而使各级政府合理而有效地履行自身职责。

第三，有力地推动社会主义市场经济中财政资金的筹集、使用过程进入“生财有道，聚财有度，用财有方”的轨道，充分调动各方面的积极性和充分发挥资金的效益，从而通过初次分配和再分配中国家财力“取”与“予”的良性循环，卓有成效地为国民经济的良性循环、社会各项事业的蓬勃发展服务。

符合上述要求的财政体制形式，是以分税制为基础的分级财政。

所谓分税制，其真正的含义在于作为财政收入主要来源的各个税种，原则上要分别划定为国税或地方税，企业均按照法律规定，既向中央政府交纳国税,又向地方政府交纳地方税。在这一格局中,各级政府可以主要根据以本级税收为主的收入,相应安排其支出,相对独立地组织本级预算平衡,做到“一级政权,一级事权,一级财权,一级税基,一级预算”。同时,中央应保持必要的自上而下对转移支付的调控能力。

以分税制为基础的分级财政体制的关键内容和特点在于,一方面,它可以有效地淡化过去一向实行的各级政府对企业的“条块分割”式的行政隶属关系控制,企业将不再把税款只交给作为自己行政主管的特定一级政府(再由地方政府与中央政府分成),而是依法分别地把不同的税,交给不同的各级政府,从而有助于消除政府对“自己的企业”的过多干预和过多关照,促使各企业自主经营,充分地展开公平竞争;另一方面,它可以清晰地划开中央、地方间的财源和财政收入,稳定地规范各级政府间的财力分配关系,在发挥中央、地方“两个积极性”的基础上形成各级预算各行其道的真正的分级财政。为了更为具体地描述以分税制为基础的分级财政体制,列举这一体制的要点如下:

——不再按照企业的行政隶属关系,而是按照税种划分中央财政和地方财政各自的收入,企业不分大小,不论级别,不看经济性质与行政隶属关系,依法向中央、地方政府分别纳税,自主经营,公平竞争。

——中央、地方政府通过财政对经济实行的分级调控管理,主要运用税收、债券、贴息等经济手段和调整企业外部条件的措施。同时,健全国有资产管理体系,按产权规范,以适当方式(如授权委托)管理、运营企业中的国有资产。

——在中央、地方间划分税种的同时,各级政府要合理调整和明确各自的事权,重新核定各级财政支出范围。与保证中央集中财力和实现全国性的经济调节关系密切的税种,应划为中央收入;有利于地方发挥征管优势、宜于由地方掌握的税种,应划为地方收入。除中央政府要承担一些大型、长周期、跨地区的重点建设项目的投资外,大量的一般营利性项目,应交给企业和企业联合体去办,地方财政则基本上不再承担营利项目的直接投资任务,而把支出重点放在基础设施、公用事业、公共服务等优化宜业宜居环境的方面。

——中央财政承担调节各地区间差异的责任,主要方式是通过自上而下的转移支付实行对地方政府的财力补助。各地具体补助数额的确定方法,要改传统的基数法为比较客观、严密的因素计分法(公式法)。

——在各种配套条件基本到位之后,应使地方政府具有从本地实际出发在一定范围内选择税种、调整税率乃至设立、开征某些地方税种的权力,健全地方税费体系,因地制宜地为地区非营利设施建设和各项公共服务、事业发展提供必要的资金来源。

——以上述几方面为基础,中央财政与地方财政分离,形成相对独立、自求平衡的中央预算和地方预算。中央预算中要掌握足够的转移支付资金。各级财政都要以法律形式强化其内部、外部的制度约束和责任约束。

总之,以分税制为基础的分级财政体制,可以二位一体地处理好国家(政府)与企业、中央与地方两大基本经济关系,适应社会主义市场经济发展的内在要求,所以它是深化财政体制改革的大方向,应成为财政改革与中长期整体改革相配套的轴心。

(三) 20 世纪 90 年代财税改革的重大进展

在理论界和实际部门反复研讨的基础上,90 年代初期,中央及财政部门在改革思路方面已明确了实行以分税制为基础的分级财政的导向,并于 1992—1993 年先后在辽宁、浙江、天津、重庆、武汉、沈阳、大连、青岛、新疆等省、市、自治区进行了分税制的试点。1993 年 6 月前后,党中央、国务院针对经济过热、结构失调、泡沫经济滋长和金融秩序紊乱等问题而明确提出实行“加强宏观调控”的方针，同时，也做出了于下一年度出台财政、税收及外汇等方面重大改革措施的决策。当时所剩的准备时间只有半年，有关部门抓紧进行了复杂的方案研究和设计、测算，以及相关各项实际工作事宜的筹备，包括与各地有磋商，吸收意见，建议调整具体实施方案，并促使地方同志对中央思路达成共识与认同。

1994 年 1 月 1 日，财税改革方案如期出台。开始的三四个月中，企业与社会上有关单位反映意见较多的，主要是增值税及取消原优惠政策等方面的一系列具体问题。国家财、税部门和国务院有关机构在约 100 天的时间里，先后发出 80 余份文件，做出补充规定或加以微调，解决急迫的或突出的问题。其后，新体制运行日趋平稳。现实情况表明，1994 年的这一在有限准备时间和诸多制约条件下，以极大魄力和决心推出的宏观调控层次上的重大配套改革，虽然难免有种种过渡性安排和不尽如人意的地方，但达到了基本目标，实现了来之不易的成功转变：

——在中央优化全局产业结构导向的大框架下，调动了地方各级政府理财、抓效益、抓收入的积极性，各地顺应分税制要求，都将精力和财力用在对自己有利的新财源的培育上，千方百计寻找新的经济增长点，普遍提高了对于第三产业和投资环境的重视，而对于第二产业一般营利性项目的重复建设，热度已有所降低。

——在政府和企业的关系方面，于全国范围内打开了一个淡化“条块分割”式行政隶属关系的新局面，使中央政府和地方政府都开始走上不再按照企业行政隶属关系，而是按照税种组织财政收入的新轨道。这一点对于今后实质性深化整体配套改革意义很大，它标志着我国的改革终于走过了由“行政性分权”向“经济性分权”的转折点，把企业放到了在税法面前一律平等的地位上，不论大小、所有制和“行政级别”，该交国税的交国税，该交地方税的交地方税，税后红利按产权规范和政策环境自主分配。因此,这是使企业真正站到一条起跑线上展开公平竞争的新开端。

——在中央、地方关系方面,大大提高了财力分配的透明度和规范性,规则全国一律,谁都会算账,有利于长期行为的形成,并促使地方政府转变理财思路,实现规范管理——如减少税收的随意减免,狠抓非税收入和预算外资金管理,注意自我发展中的自我约束,强化支出管理等等。

1994 年新体制的基本内容,按照 1993 年 12 月 15 日国务院颁布的《关于实行分税制财政管理体制的决定》,包括以下三个方面:

第一,根据中央和地方政府的事权确定相应的财政支出范围。中央财政支出主要包括:中央统管的基本建设投资,中央直属国有企业的技术改造和新产品试制费、地质勘探费等,国防费,武警经费,外交和援外支出,中央级行政管理费和文化、教育、卫生等各项事业费支出,以及应由中央负担的国内外债务的还本付息支出。地方财政支出主要包括:地方统筹的基本建设投资,地方国有企业的技术改造和新产品试制费,支农支出,城市维护和建设费,地方文化、教育、卫生等各项事业费和行政管理费,价格补贴支出,以及其他支出。

第二,按税种划分中央财政与地方财政收入。基本原则是,将一些关系到国家大局和实施宏观调控的税种划归中央,把一些与地方经济和社会发展关系密切,以及适合于地方征管的税种划归地方,同时把收入稳定、数额较大、具有中性特征的增值税等划作中央和地方共享收入。中央固定收入主要包括:关税、消费税,海关代征的消费税和增值税,中央企业所得税,铁道部门、各银行总行、各保险总公司集中缴纳的收入等。地方固定收入主要包括:营业税、地方企业所得税,个人所得税,城镇土地使用税,固定资产投资方向调节税,城市维护建设税,房产税,车船使用税,印花税,屠宰税,耕地占用税,农牧业税,对农业特产收入征收的农业税,契税,国有土地有偿使用收入等。中央和地方共享收入包括:增值税(中央分享75%,地方分享25%)、证券交易税(中央和地方各分享50%)和资源税(其中海洋石油资源税归中央)。按税种划分中央与地方财政收入后,相应分设中央和地方税务机构。中央税种和共享税种由中央税务机构负责征收,共享税按比例分给地方。地方税种由地方税务机构征收。

第三,实行中央对地方的税收返还制度。税收返还制度就其性质而言,是一种转移支付,是年年都有的经常性收入返还。中央财政对地方税收返还数额,以1993年为基期年核定。按照1993年地方实际收入以及税制改革后中央和地方收入划分情况,合理确定1993年中央从地方净上划的收入数额,并以此作为中央对地方税收返还基数,保证1993年地方既得财力。1994年以后,税收返还额在1993年基数上逐年递增,递增率按全国增值税和消费税增长率的1∶0.3系数确定,即全国增值税和消费税每增长1%,中央财政对地方的税收返还增长0.3%。

与财政管理体制的分税制改革相配套,1994年同时出台了税制自身的重大改革方案。

按照国务院1993年12月25日批转的国家税务总局《工商税制改革实施方案》,1994年税制改革的指导思想是:统一税法,公平税负,简化税制,合理分权,理顺分配关系,规范分配方式,保障财政收入,建立符合社会主义市场经济要求的税制体系。这一改革方案的主要内容,概括起来有如下三个方面:

第一,建立以增值税为主体的新流转税制度。流转税制改革的主要内容:一是增值税制的改革。改变了按产品分设税目、分税目制定差别税率的传统做法,确立了在生产和流通环节普遍征收增值税并实行价外计税的办法。增值税实行两档基本税率(13%和17%)。明确规定了允许扣除的增值税范围和建立了凭专用发票注明税款扣税的制度。1993 年 12 月 13 日国务院颁布了《中华人民共和国增值税暂行条例》,自 1994 年 1 月 1 日起施行。二是消费税制的改革。在普遍实行增值税的基础上,选择少数消费品再征收一道消费税,其征税范围仅限于在境内生产、委托加工和进口的若干消费品,共设有 11 个税目,包括烟、酒、化妆品、鞭炮焰火、贵重首饰、小汽车、摩托车、燃料油等,采取从价定率和从量定额两种征税办法,纳税环节确定在生产环节。1993 年 12 月 13 日国务院颁布了《中华人民共和国消费税暂行条例》,自 1994 年 1 月 1 日起施行。三是营业税制的改革。对有偿提供劳务、转让无形资产和销售不动产的业务征收营业税。新的营业税制重新确定了营业税的征税范围和纳税人,合理调整了营业税税目,共设置了 9 个征税项目,针对不同税目设置了 3%、5% 和 5%—20% 三档不同税率。1993 年 12 月 13 日国务院颁布了《中华人民共和国营业税暂行条例》,自 1994 年 1 月 1 日起施行。改革后的新流转税制统一适用于内资企业和外商投资企业,取消了对外商投资企业征收的工商统一税。原来征收产品税的农、林、牧、水产品,改为征收农业特产税和屠宰税。

第二,统一所得税制度。一是改革企业所得税制度,目的是理顺国家与企业的分配关系,为各类不同经济性质的企业创造平等竞争的环境。主要内容包括,对国有企业、集体企业、私营企业以及股份制和各种形式的联营企业,均实行统一的企业所得税制,相应取消了国有企业调节税;规范了税前扣除项目和列支标准,在统一税基的前提下,实行 33% 的比例税率,并统一实行由纳税人就地向主管税务机关缴纳的办法。取消税前还贷。1993 年 12 月 13 日,国务院颁布了《中华人民共和国企业所得税暂行条例》,自 1994 年 1 月 1 日起施行。实行统一的内资企业所得税后,国有企业不再执行承包上缴所得税的办法。二是改革个人所得税制度。新的个人所得税法适用范围,包括按税法规定有纳税义务的中国公民和从中国境内取得收入的外籍人员;改革后,个人应纳税所得在原税法规定的六项基础上新增加了五项，即个体工商户的生产、经营所得、个人的承包经营、承租经营所得，稿酬所得，财产转让所得和偶然所得；税率采用国际通行的超额累进制，即工资、薪金所得采用5%—45%的九级超额累进税率；个体工商户的生产、经营所得采用5%—35%的五级超额累进税率。同时根据对纳税人基本生活费不征税的国际惯例，合理确定了税收起征点水平。在计税方法上，从本国实际出发，采取了分项征收的方法，并在对原个人所得税法规定的免税项目进行调整的基础上形成了规范的减免税规定。1993年10月31日，国务院颁布了修改后的《中华人民共和国个人所得税法》，自1994年1月1日起施行。

第三，逐步进行其他税种的改革或调整。一是开征土地增值税，明确规定了土地增值税纳税人的范围，凡有偿转让房地产都属于征税范围；土地增值税实行四级超率累进税率，最低税率为30%，最高税率为60%。二是改革资源税，将资源税征收范围定为矿产品和盐，并重新确定了七个税目。三是改革城市维护建设税，调整城镇土地使用税税额。四是把对股票交易征收印花税的办法，改为征收证券交易税。五是取消集市交易税、牲畜交易税、奖金税和工资调节税。六是将特别消费税和烧油特别税并入消费税，盐税并入资源税。七是开征遗产税（待出台）。

1994年的税制改革，措施密集，涉及面相当宽广，显著地规范和强化了税收功能，并紧密配合了财政的分税制改革，对社会经济生活产生了重要影响。其后的运行情况表明，这一改革取得了成功，主要表现在：

——依法治税原则得到明显强化，税法的权威性大大提高，为市场经济发展创造了良好的税收法制环境；

——公平税负，促进了企业的平等竞争；

——理顺分配关系，推动了国有企业经营机制的转换；

——合理导向，引导了经济结构的优化调整；

——合理分权，调动了中央和地方两个积极性，保证了工商税收收入的增长；

——平稳过渡，保证社会稳定，促进经济发展，并巩固了对外开放的大好形势。

（四）目前财政体制和税制仍存在的问题

1994 年财政改革的突出特点之一，是在保地方既得利益的前提下，实行渐进的体制转换和增量调整，过渡色彩比较浓重。在体制方面，遗留有三个较大的问题：一是事权划分上，对最为关键的生产建设项目投资权尚未做出清晰规定，实际上各级政府仍然都可以搞一般营利性项目，不利于理清政府级次间的事权纠葛和使地方政府职能调整到位；二是仍然保留了企业所得税按行政隶属关系划分这条旧体制的尾巴，与企业深化改革和专业化联合趋势的矛盾日趋尖锐；三是共享税在全部税收收入中的比重相当高（60% 左右），与比较彻底的分税制表现出很大的距离。在财力分配格局的调整方面，原先设计的渐进过程也受到了冲击和干扰。按照 1994 年方案的内在逻辑，在宏观税负不变情况下，通过规范税收减免、加强征管等措施减少税源流失，应能使财政收入占国内生产总值的比重回升，但由于复杂的原因，其后几年新体制的运行虽然在一定程度上减缓和阻止了财政收入占 GDP 比重的继续下滑，并于 1996 年后回升，但与预想目标尚有距离；同时，中央财政状况的好转，本应通过新体制出台后若干年里中央从财力增量中不断拿大头（75% 的增值税和 70% 的“两税”增长部分等因素）来逐步实现，但 1994 年以来出现了一个始料不及的冲击，即体制规定由中央财政全部承担的出口退税额迅猛增长,大大超出测算数,以致中央财政不得不把几百亿元之巨的退税推到以后几年分步“消化”,并采取特别措施在1995年两次调低了出口退税率。中央财政的困境不能明显缓解,又直接影响了新的政府间转移支付制度的运作。按照1994年方案的设计思路,中央从财力增量中拿大头之后,可以并应当逐步加大自上而下转移支付的力度,而且这种基于“因素法”的新转移支付制度必将财力支持的重心明显地向各个欠发达省区倾斜,达到缓解他们的财力困难并合理调节区域差异的目的。但由于前述出口退税问题的冲击,加上其他制约因素,中央财政实施转移支付的能力明显不足,虽然在1995年度结算中推出“过渡期转移支付办法”,成为由传统的“基数法”向较客观、科学的“因素法”转变的重要开端,资金支持的力度却很不够。以上种种过渡中的问题,都需要在今后深化改革的进程中逐步解决。

此外,1994年税制改革虽然动作相当大,但仍具有阶段性特点,不可能一举解决现今中国税制的全部问题。1994年税改之后,税制仍存在的主要问题有如下几个方面:

——内、外资企业间和地区间仍存在较大的税收政策差异,不利于企业间和地区间的公平竞争。主要有:内、外资企业实行不同的企业所得税法,关税和进口环节税对三资企业实行优惠政策,土地使用税、车船使用税、房产税对内、外资企业和单位实行不同政策,城市维护建设税、耕地占用税、投资方向调节税不适用三资企业,契税不适用国有企业和集体企业。各类特殊的经济区域在企业所得税、进口税、流转税等方面实行着多种优惠政策。

——关税总体税率水平偏高,关税和进口环节税减免过多,实际征税范围窄,收入规模小;出口退税和来料、进料加工贸易管理薄弱,骗税问题严重。

——采取的过渡性减免税措施较多,不利于税制的规范性和公平性。

——个人所得税调节个人收入、缓解社会分配不公的力度不够,管理漏洞大,征收严重不足。遗产税等重要税种迟迟未能出台。

——增值税的行业税收负担分布不够合理,对偷税、骗税行为的防范打击不力,增值税与营业税的适用范围尚需调整,消费税征收范围窄,营业税和消费税对高消费的调节力度不够。增值税管理方面的问题比较突出,生产型增值税的缺点也逐渐明显(但马上向消费型增值税转变却又不具备条件)。

——中央和地方税政权限的划分尚不明晰,地方税收体系还很不完善,农业税收制度不适应市场经济发展的要求。

总之,1994 年的财税改革,已使我国以分税制为基础的分级财政初步入轨,但仍带有较重的过渡色彩和一系列未解决的问题。坚持在下一阶段于配套改革中深化财税改革,才能巩固、改进这种适应市场经济要求的财政调控体制。

六、财政政策与货币政策的协调配合

财政政策和货币政策,在社会主义市场经济的宏观调控中,是最为主要的两大政策手段。两者的分工协调、密切配合,对于提高宏观调控水平具有突出的意义。研讨财政调控,不能不特别论及财政体系与金融体系的关联和两大政策的协调配合问题。

(一) 我国财政、金融体系的概况和相互关系

前已论及,财政是以国家政权为主体对一部分社会产品的分配,表现为政府收支活动及相关的管理活动。财政既参与社会产品的初次分配,也参与再分配,其基本目标在于满足国家实现自身职能的需要。国家职能在不同国度中、不同社会制度下,不同经济发展阶段上会有所不同,因而财政的职能、作用和财政系统的状况不可能是一成不变的。我国财政系统在新中国成立之后曾按照高度集中的体制来塑造,成为社会产品和国民收入分配的主导环节,承担最主要的投资职能,并随同"条块分割"的行政隶属关系控制网络直接介入企业的微观经济活动。改革以来,随着由传统的计划经济体制走向社会主义市场经济新体制的过程,财政体制、理财方式等经历着深刻的转变,逐步由对企业的直接控制转为间接控制;虽然在分配方面的主导作用已大为弱化,但仍对于国民经济宏观调控举足轻重。

金融,即货币资金的融通,包括与货币流通和信用融资有关的一切

经济活动，如货币的发行与回笼，存款的吸收与提取，贷款的发放与收回，以及证券市场上的活动等。金融的功能是媒介、润滑、促进商品流通和社会再生产过程，其范围基本上限于再分配。商品经济发展和市场发育的程度越高，金融关系就越发深化，其重要性就愈为显著。新中国成立初期，我国金融系统实行的也是高度集中的管理体制，构建了单一型的国家银行体系。1948 年 12 月 1 日中国人民银行成立，全国解放后由它一家办理国内一切银行业务，涉外业务部分也由它以中国银行的名义办理。中国人民银行总行在各省、市、自治区设分行，下面再设中心支行或支行，然后设办事处、分理处、营业所、储蓄所，构成整个银行体系。这种银行体系一直持续到 1978 年。在这期间，虽然曾几次分设过中国农业银行，但都时间较短，每次仅两年左右；也设立过建设银行，但它实际上是财政部门内的一个基本建设投资贷款（周转金）机构，并不办理信贷业务。这种单一型的国家银行体系是与传统计划经济模式相对应的，在新中国成立之初体现了统一指挥、迅速稳定金融的优点，但随着经济的发展，统得过死的弊端也逐步显露。

1979 年，在实行改革开放、搞活经济方针政策的新形势下，正式将中国银行单设，并恢复了中国农业银行。两行均是隶属国务院的国家银行，但由中国人民银行代管。这时，中国人民银行既行使中央银行职能，又从事一般工商信贷和储蓄业务。从 1980 年开始，国家基本建设项目拨款改为贷款，中国人民建设银行相应从事固定资产投资信贷业务，开始成为名副其实的银行。这样，便形成了一种多元混合型的国家银行体系，虽强调了各家银行的专业分工，但并未很好解决如何加强集中统一的宏观金融控制和如何形成金融市场两个方面的问题，四条各自独立的垂直系统，将统一的资金运动纵切为四块，不利于在金融领域有效实施宏观控制和引入市场机制，因而只是一种过渡性体系。

在经济发展和体制改革的推动下，从 1984 年起，根据国务院的决定,中国人民银行专门行使中央银行职能,领导和管理全国的金融事业。新成立中国工商银行,承担原由中国人民银行办理的工商信贷和储蓄业务。其后,在健全中央银行功能、扩展各专业银行业务网络、发展金融市场和金融机构等方面作了许多努力,如允许各专业银行业务适当交叉,开办证券市场,建立交通银行这种按经济区划设置分支机构的股份制综合性银行,发展城乡信用社,开办多种新的银行业务,在深圳、上海开办股票交易所,等等。进入 90 年代,又先后成立了民生银行、城市合作银行等,并出现了更多的非银行金融机构。这样,初步形成了在中央银行调控下的、向着相对规范的现代信用制度方向发展的银行体系和金融体系的框架。此外,为了加快银行的企业化和适应现阶段政策调节的要求,1993 年前后组建了国家开发银行、中国农业发展银行和中国进出口银行等数家分离于商业金融之外的政策性银行,试图把国家专业银行的政策性职能完全分离出来。但是,我国金融体制的改革总体来说尚在半途,一系列的问题有待解决,方能使之适应社会主义市场经济的要求。

由于财政、金融两大体系管理或处理的都是国民经济中的资金供应和资金运动,相互之间存在紧密的联系,也就客观地使两大体系间的分工协作、配合协调成为必要。总体概括表示的现阶段我国财政、银行在社会总资金运动中的周边关系和两者相互之间的关系,可参见下面图表。

从图中可直观地看出,财政与银行是社会总资金运动中的两大分配闸口或枢纽。财政从生产经营部门(既包括传统的第一、二产业,也包括第三产业中的经营性行业)取得收入,其支出既形成作为生产经营部门新的投入的一部分积累基金,也支撑着社会中非生产经营部门(如纯公益性机构、行政性机构、公检法机构等)的运转;银行同时从生产经营部门和非生产经营部门吸收存款,但只向生产经营部门提供贷款,成为现阶段我国金融的最主要渠道。在财政与银行之间,财政对国家银行拨付信贷基金,银行则向财政上交税利和提供借款。上述总体关系交织而成的社会资金运动,不断地以生产经营部门的投入产出,财政、银行、非生产经营部门参与的分配与再分配,以及补偿、消费、积累三大基金的形成与运用,构成社会再生产和国民经济的循环与发展。

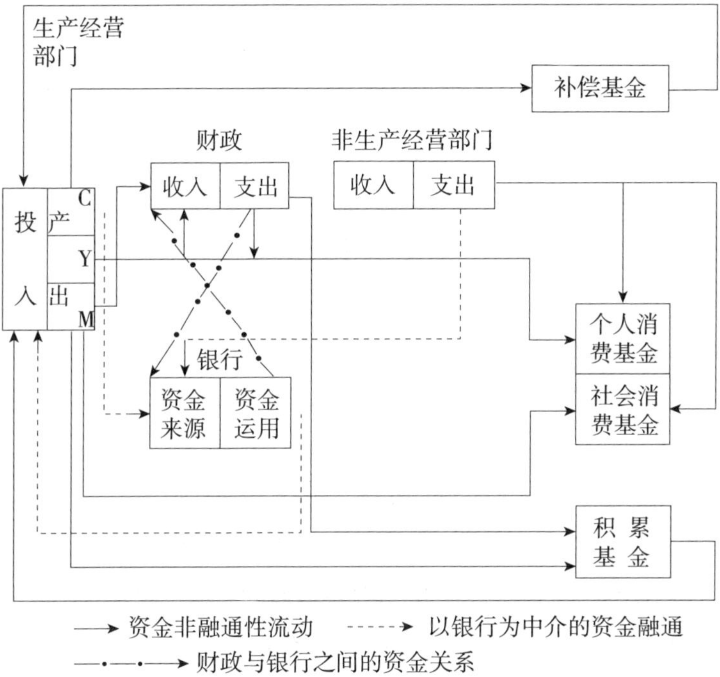

社会总资金运动及财政银行相互关系简图

在我国,关于财政与银行两大系统、财政政策与金融货币政策两大政策之间的相互配合的重要意义及其规律性,经历了一个由浅入深的认识过程。

新中国成立之初,面对满目疮痍、民不聊生的经济,为尽快医治战争创伤、制止通货膨胀,实行了高度集中的财经体制,在1950年提出平衡财政收支、平抑通货膨胀和平衡物资供求的目标，并迅速取得了明显的成效。度过国民经济恢复时期而转入大规模建设时期之后，在取得巨大建设成就的过程中，1953 年也曾由于基本建设投资增加过多，并把上年财政结余全部列入预算来资助基建，结果银行资金来源减少而不得不收回商业贷款，使商业部门库存减少（即所谓“泻肚子”），市场出现紧张；1956 年又曾由于基本建设、工资、农业贷款都增长过猛，造成货币增发，物价上涨。这两次“小冒进”，使人们认识到财政收支与银行信贷收支之间有内在的相互作用。比如前一年的财政结余，虽然表现为财政账户上的存款，但银行实际上已作为信贷资金来源作了安排，这时如果财政再动用上年结余，就要发生“一女二嫁”的问题，使资金供应规模过大，引起货币超发，需求过大，市场紧张。又如，在银行资金紧张，难以满足企业流动资金的正常需要时，财政应当增拨银行信贷基金，相应缩减其他支出。如何正确处理诸如此类的问题，便归结为如何实现财政、信贷的各自平衡和相互间综合平衡的问题，进而引出两方面政策协调配合的问题。对于财政信贷的综合平衡，又是在国民经济综合平衡即整个社会再生产的资金、物资平衡的参照系中加以研究的。当分析总结这一阶段经济工作的经验时，陈云同志明确提出了坚持财政、信贷、物资三大平衡的观点，并把财政收支与信贷收支的平衡，作为使社会购买力与物资供应实现平衡的关键。1958—1960 年的“大跃进”，直接违背了综合平衡的思想，高指标，浮夸风，财政假结余真赤字，银行贷款规模过大，货币超量发行，结果造成了极为巨大的经济损失，出现经济困难，通货膨胀严重，市场极度紧张，人民缺吃少穿。60 年代的三年调整，使经济状况好转，其间综合平衡理论得到肯定，相应的政策也得到贯彻。

此后，又经历过十年“文革”、1978 年“洋跃进”、80 年代初期的调整和 80 年代后期的总需求膨胀，随着每一次经济大起大落的波动，人们都要重谈财政信贷综合平衡问题。正反两方面的经验教训使我们越来越清楚地认识到，财政、信贷资金的紧密联系和综合平衡关系，是由社会再生产的客观规律所决定的。为了自觉地顺应经济规律，组织财政信贷综合平衡，要做好预算收支和信贷收支的统筹协调，采取正确的财政、货币政策并实现两方面的密切配合；只有掌握好两大政策的相互协调，才能有效地促成财政信贷的综合平衡。实行改革开放之后，国民经济进入了新的发展阶段，人们对于我国社会主义经济的认识也先后上升到有计划商品经济和社会主义市场经济的理论高度，经济结构、经济成分、经济利益关系已经和正在经历一系列变化，社会资金的运动日趋活跃和多元化，信用关系正逐渐发展与深化，这些不仅要求我们在主观方面就以往的理论和实践作深刻的反思，而且也在客观方面对于综合平衡与财政、货币政策的配合，形成了许多新的影响因素。

总体上说，过去在高度集中体制下财政与银行存在某种联结过紧而“名为两家，实为一家”的现象，并由于经济中的商品货币关系不发达，许多生活用品和生产资料实行配给或指令性计划，货币政策的作用有限，强调的是银行的结算、出纳作用。改革之后，商品货币关系扩展，货币政策的独立性大为加强，如何根据财政、银行的不同体系，财政政策与货币政策的不同特点和经济生活的现实需要协调好相互关系，成为宏观经济管理的重大课题。近年，虽然税收、金融的作用都得到了一些应有的强化，但同时财政、银行体制都处在变革的过程中，表现出一系列的矛盾问题，并且往往相当尖锐。财政的困难已延续了多年而有目共睹，银行资金的紧张和运转中的资产结构不良，近几年也日趋表面化，防范金融风险已成为决策上予以高度重视的问题。面对经济发展与体制改革的双重任务和资金供给与需求之间、结构现状与优化目标之间的巨大差距，财政、信贷的综合平衡与两大政策的协调配合，更显得至关重要。

（二）财政政策与货币政策的联系和区别

财政政策，是国家在财政领域内制定的各项政策的统称，是国家为追求特定目标、贯彻经济和社会发展战略所采取的财政工作方针的具体化形式。依据不同的角度，我们可以对财政政策作不同的分类，如收入政策与支出政策，总量政策与结构政策，扩张性的赤字政策、紧缩性的盈余政策与中性的收支平衡政策，针对专门领域的税收、固定资产投资、补贴、债务方面的政策，以及更为细致的关于减免税、折旧、贴息等事项的专项政策。财政政策主要由财政、税务系统掌握执行，体现于各部门、企业、事业单位的财务活动和国家经济生活与社会生活的各个方面。

货币政策就狭义而言，是指国家对于货币流通与管理所制定的政策，而现在人们在讨论宏观经济问题时，一般都在广义上使用这一概念，指的是国家在金融信贷方面制定的各项政策的统称，它是国家以宏观经济调控的目标为基准而形成的金融工作方针的具体化形式。对货币政策，我们也可以依角度、内容或侧重点的不同，加以进一步的划分，如货币的投放政策与回笼政策，银根的放松政策与抽紧政策，信贷资金供应的总量政策与结构政策，储蓄政策，以及涉及各类金融调节手段（如利率、准备金率、汇率等）的专门政策。货币政策通常由中央银行（在我国即中国人民银行）掌握，通过一定手段贯彻实施于商业银行和其他金融机构的各项业务活动中，进而影响企业财务活动和整个经济生活。

财政政策与货币政策存在紧密的联系，主要表现在：

首先，两大政策同属宏观的资金政策，两者之间的联系由财政资金运动与信贷资金运动之间的千丝万缕的联系所决定。由于财政资金、信贷资金与企业资金等一道构成社会总资金的整体,每一方的资金运动都会在另一方引起某些连锁反应,因而各自带有特定资金调节目的的政策的实行及其变动,必然要牵动他方。

其次,两大政策间的紧密联系,也植根于双方政策调节根本目标的一致性。两大政策调节的着眼点,都是针对社会供需总量与结构在资金运动中表现出来的有悖于正常运行状态的各种问题;两大政策调节的归宿,都是寻求社会供需在动态过程中达到总量的平衡和结构的优化,从而使社会再生产保持良性循环和使国民经济实现持续、稳定、协调发展。

再次,两大政策的紧密联系,还来源于两方面政策手段的互补性。一方的政策调节过程,通常都需要对方的政策手段发挥其特长来加以配合策应。策应得当,则可使各方的特点优化地组合在一起收到事半功倍的效果。当然,如果配合失当,也会发生调节中的摩擦、延误,甚至出现政策效应的抵消和相互的拆台。

财政政策与货币政策存在紧密联系的同时,又由于各自在国民经济中所处的不同领域和具备的不同地位与作用,而具有一系列的区别。

首先,调节的范围不同。财政政策体现政府职能的各个方面,其调节范围不仅仅限于经济领域,也涉及社会生活的其他领域;货币政策受金融系统功能边界的制约,其调节范围基本上限于经济领域(当然,可以由经济领域间接传导到其他领域)。

其次,调节的侧重点不同。虽然财政政策与货币政策都对总量与结构发生调节作用,但财政政策相对于货币政策而言带有更为强烈的结构特征,因为财政收入是按不同项目与不同规定来组织的,可以直接调节不同地区、部门、企业及个人的收入水平,财政支出又是按资金性质与用途来安排的,可以直接调节产业结构、部门结构和社会经济结构的各个方面;财政政策对总量的调节,则主要是以政府收支及其乘数作用影响社会总资金运动的全局。反之,货币政策相对财政政策而言带有更为鲜明的总量特征,因为全社会的一切投资需求和消费需求,都要表现为有支付能力的货币购买力,而中央银行是唯一能够直接掌管全社会货币供应总量的部门,即通过货币政策对之加以调控;同时,信贷资金自身的经营原则要大体一视同仁地覆盖其全部资金运动,贷款差别利率等旨在区别对待不同产业、行业、企业、项目等以调节结构,这类手段只能在比较有限的范围内起作用,并随着市场化改革的推进而可能更为有限。宏观经济政策的特定目标,可归纳为经济增长、资源优化配置、稳定物价、充分就业、反周期波动,收入公平分配、产业结构合理化和高级化等方面,财政政策、货币政策固然都服务于这一系列目标,但由于上述侧重点的不同,各自对于不同目标的作用,便有所区别,如在产业结构合理化、收入公平分配方面,财政支出政策与税收政策的重要性居先,在稳定物价方面,货币政策的重要性则更高一筹。

再次,调节的手段不同。财政政策所依靠的手段,主要有税收、预算支出、公债、财政补贴、贴息等,货币政策所凭借的手段,则主要有利率、存款准备金率、贷款安排以及贴现率和公开市场业务等。

最后,政策的时差与调节的时滞不同。政策时差,是指决策机关从认识到需要改变政策,到实际上实行新的政策所需的时间。一般而言,在财政政策的制定与修订必须经过立法机关审议、批准这样一整套程序的情况下,财政政策的时差较长;而货币政策由于通常是由具备较强独立性的中央银行的人数不多的高级决策层所制定,其时差较短。调节时滞是指政策从其调节动作的发生到调节效果的显现所需的时间。一般而言,财政政策由于通常具有政府直接安排收支和可以运用某些强制性手段的背景,其时滞较短;而货币政策则由于通常完全依靠间接手段作用于调节对象,其时滞长于财政政策。

正是由于财政政策与货币政策之间存在十分密切的相互联系,同时又存在一系列不同特点和侧重点,因此在宏观调控中,两者必须紧密配合,取长补短。

需要指出,两大政策各自功能作用的发挥程度,随生产发展阶段、经济体制模式等条件的不同而有所区别。比如,在当代主要资本主义国家中,固然财政政策的地位十分重要(凯恩斯派经济学理论对此十分强调),但由于那里信用关系广泛而发达,而且经济结构的调节以市场自发作用为主,因此以总量调节作用为主的货币政策对经济生活的影响,便往往显得比较突出。然而在我国现阶段,由于生产力水平还不太高,信用关系的深化程度相对较低,经济主体自身预算约束比较软,因此货币政策表现了一定的、有时甚至是相当大的功能局限性。基于走向经济起飞过程中的国家调节经济结构的特殊重要性,在两大政策共同控制总量的同时,我国财政政策的结构调节功能应当被更加强调。这就说明,简单地将西方两大政策配合的一套做法照搬到我国,并不能保证切合我国实际和取得理想的效果,应当从我国国情和不同阶段的经济运行特点出发,在经济发展和体制改革中,借鉴国外经验,摸索在我国实现两大政策有效配合的特定方式和方法。同时也要看到,随着我国改革开放过程中经济的发展和市场化程度的不断提高,西方市场经济国家财政与货币政策所运用的一系列调控工具和调控的经验、技巧,将对我们具有越来越大的借鉴价值。

(三)财政政策与货币政策协调配合的若干重要事项

财政、货币政策的协调配合,包含十分广泛和具体细致的内容,这里不可能作面面俱到的讨论,但应重点考察或列出若干具有代表性的事项。

1. 财政、货币政策的松紧配合

财政、货币政策的所谓松与紧,是就其对于需求是起刺激扩张作用还是抑制压缩作用而言。扩张需求为松,抑制需求为紧。由于发达资本主义国家近几十年中把实行宏观经济“需求管理”作为国家干预经济的主要方式,因而对财政、货币政策的松紧配合十分重视,作了多方探讨。他们的经验对我们有一定的借鉴意义。

在两大政策的松紧配合上,大致有三种模式:(1)“双紧”政策。即财政政策方面增加税收,压缩预算支出,实行预算盈余以及减少国家信用等等,货币政策方面提高法定的商业银行存款准备金比率,提高商业银行向中央银行借款的贴现率和在中央银行公开市场业务中售出有价证券(主要是政府债券)和票据以回笼货币,有时也包括限制商业银行贷款规模等。这种双紧政策,适合于总需求严重膨胀的情况。(2)“双松”政策。这种政策在财政、货币政策的各个方面,都与上述双紧政策正好反其道而行之。双松政策适合于总需求严重不足的情况。(3)“一松一紧”的松紧搭配政策。这里又可分出两大类,一类是松的财政政策与紧的货币政策配合,另一类是紧的财政政策与松的货币政策配合。一松一紧的选择一般是在需求的膨胀或萎缩未达十分严重的程度时,权衡经济中最需注意的紧迫问题和财政、货币政策各自特点的适用性后采取的。它可以适合既要压低失业率,又要控制通货膨胀等目标,通过不同的侧重以及变化侧重的程度来组合两大政策,在考虑不同的政策时差、调节时滞和不同的调节工具所遇的不同制约条件等因素的基础上,发挥两大政策各自特长,以求尽量适应多方面的要求。第二次世界大战后,法国政府曾交替使用过双紧与双松的政策;美国政府在80年代,主要是使用紧的货币政策与松的财政政策的松紧搭配。另外,虽然在资本主义国家中调节经济结构以市场为主,但近几十年间也从宏观政策上对此作了探讨，提出了所谓宏观政策微观化问题，其实质是在执行或松或紧的宏观政策时，区分不同产业和区域予以区别对待，以有意识地对某些局部作特殊的扶植或限制，从而达到调整结构的目的——这实际上属于与需求管理相配合、呼应、并行的供给管理。

20 世纪 80 年代后期，我国由于出现了比较严重的总需求膨胀与通货膨胀，因而在决策上一度提出实行财政、银行的“双紧”政策。总地说来，这一政策配合方式的选择，是合乎当时经济生活的现实要求的。但是，对此也有两方面的问题值得我们特别注意。首先，明确提出实行双紧政策表现出决策层认清了该阶段正确的调节方向，但并不等于此政策已得到贯彻落实。比如，由于多方面因素的作用，当时我国财政预算虽然尽最大努力增收节支，但仍然每年都安排了相当数额的赤字，即财政欲紧仍松，这是我国当时实行双紧政策中的一个特殊性。其次，我国经济中的问题除了总量的膨胀之外，结构的失衡相当严重，因此对财政、货币政策的“双紧”，不应理解为可以“一刀切”、不加区别地普遍实行。在总体上从严控制资金供应的同时，对那些国民经济中的短线如能源、交通、紧缺原材料等方面，则应区别对待，实行局部的松的政策，以求尽快增加有效供给，缓解总供需矛盾。对结构调整必须自觉地予以特别的注重，这是我国实行双紧政策时必须把握住的另一个突出特点。但由于多方面原因，80 年代后期的“双紧”并未能真正摆脱“一刀切”办法。

1993 年，党中央、国务院针对当时国民经济发展中的一系列问题，采取加强宏观调控的方针，鉴于通货膨胀和经济过热的势头明显，在财政、货币政策的基本导向上，提出要“适度从紧”。中央的这一导向，一方面表明了控制经济过热与通货膨胀的方向和决心；另一方面又体现了审时度势力求实现“软着陆”的姿态和策略。所谓“适度”颇值得玩味。在实际工作中，可以理解为：从总量上讲不可一味紧缩、力度过大而形成“急刹车”，从结构上讲不可“一刀切”紧缩而放弃了区别对待——对于优化结构、提高宏观效益和长远发展后劲有突出意义的方面,非但不应紧,可能还要“松”。

几年间,财政政策在“适度从紧”的方针下,尽可能开源节流,增收节支,并于调整支出结构、优化经济结构上作了很大努力。但是,在种种客观制约条件的作用下,从这几年财政预算的通盘安排及执行结果看,财政的“从紧”更多地表明了“不能轻易放松”的态度,或者说是在紧缩支出、减少赤字方面作了极大的努力。如按国际上一般通行的评判标准看,实际的收支安排仍然不能说是紧的,甚至可认为在一定意义上讲是偏松的。最具代表性的指标,便是财政收入与 GDP 增长的弹性系数小于 1(即财政收入的增长低于 GDP 的增长,财政收入比重继续下降);赤字规模并未明显压缩下来;债务规模还在逐年扩大。但是,这是在强调从紧的同时多种客观因素造成的实际结果,如果连“紧”的姿态和导向都没有,松的程度可能将会不可收拾,其结果将会是收入更少,支出更多,比重更低,赤字和债务更大。

尽管财政收支存在上述问题,但总体看,近几年来财政政策还是配合大政方针在“适度从紧”的宏观调控过程中,保证了每年收入实现 100 亿元以上的增长,亏损补贴逐年减少,赤字额控制在预算安排的额度之内,并在与货币政策协调配合方面,积极运用国债等手段。加之,货币政策在“适度从紧”中的运用掌握也明显减轻了“急刹车”“一刀切”的色彩,两大政策协调配合的水平比 80 年代有所提高。这样,从宏观调控的结果看,我国于新中国成立以来的历次经济过热中第一次成功地实现了“软着陆”,使国民经济增长速度平稳回落到 8%—9% 的区间;市场物价涨幅明显降低,由 1994 年的 21.7% 回落到 1996 年的 6.1%;固定资产投资增幅从 1993 年的 61.8% 回落到 1996 年的 18.2%;社会总供求关系明显改善,货币供应量增长适度;外贸由逆差转为连年顺差,外汇储备充裕。

当然，我国20世纪90年代国民经济发展“软着陆”的成功，与经济总体市场化程度的提高和宏观决策成熟性的提高，都有密切关联，但基本取消指令性计划之后财政政策与货币政策的作用，无疑是十分重要的因素之一。

2. 财政赤字与财政向银行的借款

1993年以前，财政为弥补“硬赤字”而向银行借款，是我国财政、货币两大政策协调配合的重大事项之一。关于其原由、实际效应及与通货膨胀关系的分析，前边第四部分中已作了详细论述，这里不再重复，仅把这个题目在此列出。

3. 综合财政信贷计划的探索

综合财政信贷计划是在我国经济工作的实践中提出，并曾经试行的一种宏观资金计划形式。它最早是在50年代借鉴苏联综合财政计划工作的经验，针对我国经济工作中的问题而提出的，意在做好全社会财力，尤其是财政、信贷资金的统筹安排、合理分配、综合平衡。60年代曾安排试行，但由于种种原因，未能实际贯彻。80年代，又将此计划再次在全国范围提出，并突出财政、信贷综合平衡这个关键的平衡关系，明确称之为综合财政信贷计划，做了初步的工作。一些地区如江苏省，则从70年代后期起就作了实际摸索。理论界对此也进行了大量的研究探讨。

作为严格概念的综合财政信贷计划，是指对财政、信贷资金收支加以统筹协调的资金计划。实际上，它是反映全社会资金协调关系的综合资金计划（或称综合财力计划）的一个重要的组成部分，同时又是具有一定独立性的组成部分。后者的范围大于前者，是因为还包括预算外资金收支、企业自有资金收支和居民家庭收支等资金运动的内容。

综合财政信贷计划，既包括财政资金收支，也包括信贷资金收支，但并不是这两方面收支各自安排之后的简单汇总，而是要在相互协调与统筹规划中产生，通过这一计划形式解决如下几个层次的问题。

(1)综合财政信贷计划要根据"建设规模要与国力相适应"的原则，从资金的总量界限上把握一定年度内财政、信贷资金供应的总规模，以此制约国民经济建设与社会发展计划的总规模，从而在大力支持经济与社会发展的同时，也防止由于建设、发展计划的规模过大而打破财力、物力平衡和引起经济工作失误。

(2)综合财政信贷计划要根据合理的资金供应规模，协调相应年度内财政预算收支和银行信贷收支各自担负的资金供应与经济调节任务。要在明确总目标的前提下，根据该年度双方的资金状况和其他相关因素，各有侧重和相互呼应地安排好更为具体的一系列调节目标，如产业结构的调整、企业资金的供给、居民结余购买力的引导，等等。

(3)综合财政信贷计划要根据财政、银行在资金供应合理规模之内，各自承担或分工侧重的具体的资金供应与调节的任务，协调制定双方各项政策调整变动的基本方案，落实各项政策调节手段动用的方向、时间、量度与相互配合事项，并且在计划执行过程中跟踪问效。

今后，在可预见的时期内，我国综合财政信贷计划应是一种指导性的、粗线条的决策背景计划，并与国家国民经济与社会发展规划(通常以五年为期接续编制)形成呼应。做好综合财政信贷计划工作，目的是提高财政、银行工作和财政、货币政策配合的水准，进而对国民经济综合平衡和经济与社会的发展起到良好的规划与推动作用。但是在目前，这一方面的工作仍处于探索阶段，遇到了一些与经济体制和财政、银行原来的工作格局相联系的矛盾问题，也有来自工作人员经验欠缺、业务素质有限的困难，要认真研讨逐步解决，使这一工作在不断摸索之中渐入正轨。

4. 国债的发行、流通与公开市场业务

国债（这里指内债）是国家向居民、企事业单位等以出售债券的形式借款、到期还本付息的国家债务，是世界上许多国家所运用的筹集财政资金和调节经济的重要手段，亦是财政、货币两大政策协调配合的一个重大事项。由于国债是由国家的政权机构——政府所承担的债务，安全性高，因而在世界各国它通常都具有最高一级的债信，被称为“金边债券”，公众乐于购买。不少发达国家在通过国债债券的发行及其在证券市场上的流通来调节经济方面，以及相关的财政、货币政策配合方面，已经积累了比较丰富的经验。我国 1981 年以国库券形式恢复国债发行以来，在各个年度都有所发行，年度发行额已有了很大的增长，国债的二级市场（转让市场）也已形成并不断完善。虽然我国国债的发行与流通还有不少不如人意之处，但应充分肯定国债对于缓解财政收支不平衡的矛盾、加强国家重点建设和稳定市场等方面的重要、积极的作用。

从一般原理上说，在每一个特定时间段，社会总资金中可动员的储蓄性资金规模是一个有上限的量，货币政策调节下的银行储蓄与财政政策调节下的“国债储蓄”，数量上有一种此长彼消、你多我少的替代关系，而两种储蓄吸收的资金在运用上虽然大的目标一致，但具体目标各具特点和侧重，所以需要有宏观层次上的协调。在此概略地勾画这种协调的要点。

（1）国债适度规模的掌握与发行中的配合。国债适度规模在理论上说，是特定时期、特定条件下可以使国债对经济生活的正面影响作用最大而负面不利作用最小（更精确说是两种作用抵消后的净正面影响作用最大）的那个国债规模。在实际工作中，一般尚无法十分准确地肯定何为这一规模的具体数量界限，但在宏观决策和两大政策的配合上，却决不能忽视其存在。我国 20 世纪 90 年代中期的年度国债发行规模已

达2000多亿元,但国债余额占GNP的比重仅为6%左右,尚显著低于大多数市场经济国家;我国银行总资产中所持国债的比重不足2%,更是远远低于它们。年度国债发行规模与城乡年末储蓄余额之比,1980年为0.1∶1,1990年下降到0.014∶1,1994年为0.05∶1,1996年仍低于0.065∶1。然而,由于我国完全由中央财政使用国债收入并承担其还本付息,所以中央财政的国债依存度(国内公债占中央财政支出的比重)相当高,已在50%以上。综合、动态地看,我国国债余额规模还有提高的潜力和余地,但要高度重视并解决好控制中央财政债务依存度问题。为达此目的,十分关键的一条是要注意提高国债平均期限,更多地发行5—10年乃至期限更长的国债券(实质即是将单次发行所筹借的资金用在更长的时间跨度上,可使依存度不上升而余额扩大)。这需要财政部门就具体方案与货币当局(中央银行)磋商,取得资金引导政策的一致和发行工作中的配合。除银行储蓄网点代办发行和银行承购包销等方式外,为降低国债筹资成本,在我国,今后也可考虑借鉴其他一些国家的经验,把年度银行储蓄增加额的一定比例直接转为银行购买的国债。

(2)国债利率与金融债、企业债、银行存款利率的匹配。国债与金融债、企业债等其他债种,以及居民储蓄存款,在利率上相互间存在水平差异和牵制关系,财政、货币政策的设计与协调配合上,应当考虑这些关系的合理化。之所以提出"匹配"问题,针对的是我国现状中国债利率与其他几种利率违反市场经济一般逻辑关系的不匹配。具体而言,是指下面几种表现:

——从逻辑上说,由于国债这种"金边债券"具有最高等级的安全性,以及由其他各种优惠条件形成的便利与实惠,其利率水平应当低于银行金融债券的利率水平,但迄今我国国债于这方面并无表现,原因是我国银行的各种金融债也是全然无风险的,在购买者那里不会产生国债与金融债的区别对待,利率只好大体一样高低。

——企业债与金融债的情况颇有类似之处。虽然我国的企业债(这里仅指按正规批准程序发行的企业债)已先后有若干家实际发生了企业无力偿还的风险,但都由政府"挽救",实际上成为以企业名义发出而由政府承担风险的担保债,因而在证券市场上,购买者一般也不认为企业债的安全性明显低于国债。同时,我国企业又已具备了为筹资而不惜抬高利率的冲动,国家为防止企业债冲击国债,只好以行政手段控制其利率水平。结果是我国国债利率与企业债利率同样呈现不出逻辑上应有的高低差异,也大体拉成了一线。

——在市场经济条件下,商业银行的存款也是有风险的,且必定高于国债风险,故国债利率在各国大都低于同期银行存款利率。但在我国,"银行存款无风险"仍是不争的事实,且仍被公众看作是天经地义的。所以,在我国,国债利率无法低于存款利率,同期银行存款利率构成国债利率的理论下限。乍看起来,似乎国债吸引力的强弱在于其利率比银行存款高多少,但实际上,由于 90 年代的三年期国债大都采用了银行定期存款已废止的可提前支取、分段计息等条件,实际优惠大大高于同期银行存款,所以从逻辑上说,即使把三年期国债利率与三年期定期存款利率拉平,国债应当仍然对购买者有吸引力。问题在于,由于有金融债、企业债的"牵制",为保证国债得以发行顺利,现在仍将其利率定在明显高于存款利率的位置上。

总之,在上述各种情况的制约下,我国国债与金融债、企业债、银行存款四者利率水平的设计与匹配,呈现出与市场经济一般逻辑迥异的独特情况:银行利率是"底",国债、金融债、企业债三者利率大体无差异,要依靠抬高国债的优惠条件并且与金融债、企业债"错开发行期"等办法使之发得出去,"金边债券"的应有魅力不知所往。

显然,如要使国债与金融债、企业债和银行存款在利率水平上表现出符合市场逻辑的匹配关系,从而体现国债的高安全性优势,降低其筹资成本,就必须寄希望于我国的商业银行与企业通过改革实现真正的“企业化”。简言之,使它们承担企业法人所应承担的风险,进而使它们的债权人——债券购买者和存款人,也相应承担持券和存款的风险。如果今后随改革深化,“企业化”的硬约束逐渐到位,国债、金融债、企业债和银行存款不同的风险等级表面化之后,不同的利率水平也就可以和应当各归其位,实现正常的匹配了。这个过程已在 20 世纪 90 年代之后深化金融改革、推进配套改革的过程中展开。

(3)国债流通中的公开市场业务。国债的公开市场业务,是指中央银行在公开市场上买进或卖出国债券,从而以国债吞吐调节货币供需,通过小步微调方式产生放松或抽紧银根的效应,进而调控总需求状态。这是发达市场经济国家宏观调控的重要手段之一,也是两大政策协调配合的事项。我国中央银行的公开市场业务 1996 年 4 月已经起步探索,当年规模不大,累计交易额仅 40 余亿元,并且由于中央银行目前的总资产中没有掌握国债,所以国债的交易全是作的回购。可以说,这还不是真正的国债公开市场操作,但毕竟有了一个初始开端。下一步应积极考虑使中央银行资产中持有国债并逐步提高其比重,否则无法适应我国市场经济的形势发展和提高宏观调控水平的要求。

5. 国有企业资金投入和存量调整

改革之前,我国国有企业的固定资产投资资金和定额流动资金都由财政拨付,银行则负责以贷款形式向企业提供超定额流动资金。这种财政、银行在资金供应上的分工关系,在改革之后发生了一系列重大改变。80 年代,在固定资产投资方面,财政直接负担的投资项目和份额已显著减少,除建设银行以“拨改贷”的形式为各种长期投资项目提供资金之外,各专业银行和其他金融机构也发放不同形式的固定资产投资贷款。在流动资金方面，一度改由银行统管。随之而来的问题，一是银行固定资产投资贷款的规模偏大助长需求膨胀；二是统管流动资金使银行信贷资金过大的部分沉留于企业生产过程，周转失灵；三是“拨改贷”一度引发了企业产权归属上的模糊与争议。这些都反映了那一阶段“摸着石头过河”之中改革思路与方案的不成熟性。

进入 90 年代后，随改革深化，形成了按社会主义市场经济方向建立现代企业制度和宏观间接调控体系的思路，并引出国有企业资金投入方面更深刻的变化，明确地建立了企业注册资本金制度。从政府管理的角度上，不再严格分设企业固定基金和流动基金由不同渠道分别供应。国有企业可以是独资的，也可以采取股份制，国家财政投入的注册资本金或国有股即是国有企业从事生产经营的“本钱”；同时，企业可通过其他融资渠道负债经营，包括向银行借贷。从 1998 年 1 月 1 日起，国有银行指令性的贷款规模定额指标也告取消，改为资产负债比例控制和风险控制。这样，就基本理顺了财政、银行在国有企业资金投入方面各自的角色关系，为财政、货币政策在企业投入增量上的协调确立了合理的管理框架。

逐步展开的国有经济的战略性改组，是中国经济改革进入深水区的攻坚战之一，其间还要不可避免地包含国有企业资产存量重组与债务重组方面的问题，这也需要财政、货币两大政策协调配合，处理好其间一系列复杂的矛盾和问题，从改革目标的要求和实际制约条件出发，设计可行的企业债务转换、兼并与破产、产权交易等方面的方案、规则和总体导向，并掌握好改革各实施阶段上的具体政策导向。国有经济有必要通过“抓大放小”适当收缩规模与范围，国有企业要与其他企业一样，按照市场规则优胜劣汰。财政业务部门、国有资产管理部门和中央银行，应分别从财务制度、资产保值增值管理、贷款规范等方面各司其职，共同形成社会主义市场经济的宏观调控政策环境。

6. 防范金融风险

90年代几次举世瞩目的金融危机，特别是1997年发生的亚洲金融危机，在金融市场风险方面，给我们敲响了警钟。为防范金融风险，除要加强中央银行对金融机构的监管、商业银行及非银行金融机构的自律之外，还要加强财政的监管，以及财政、货币政策在防范风险方面的配合。

金融风险一旦大规模发生而造成危机性的影响，便不仅是经济问题，而且是社会问题和政治问题，成为一种国家风险，是国家理财系统决不可能坐视的。财政是宏观调控的主要操作部门之一，又是国有金融机构和社会成员由于金融风险而发生的破产倒闭等损失的必然承担者或连带关系者，应当积极地"防患于未然"，与中央银行一道，在制度、政策上健全防范机制，形成预警系统，及时采取必要的化解风险的措施。

针对防范金融风险的财政监管，重点是监督管理所有银行、保险公司、证券公司及其他金融机构的财务会计制度规范，以及国有银行与金融机构的资产、负债、税收、盈利状况，从中维护市场规范、公平竞争原则、国有资产权益（资产完整性、安全性），并及时察觉各种舞弊行径的蛛丝马迹；中央银行的监管虽然也涉及财务会计，但更多侧重于体现金融行业特点的业务操作制度规则和营利性、流动性管理、微观目标的实现等方面。双方各有侧重的监管，可以较全面地掌握与金融资产安全性有关的各种信息动态，并有利于相互协调地安排对策。一旦出现较大风险的苗头，特别是面临国际资本市场投机势力的冲击等情况，中央银行和财政系统更需要以应急状态严阵以待，采取非常措施，处理平波，抵御冲击，克服难题，闯过险关。就整个国家而言，抗风险能力当然与经济发展、经济结构、进出口、国际收支及债务状况等紧密相关，同时也取决于市场制度规范的严密性和国家财力的雄厚程度，以及财政、货币等政策方针与决策的正确性。

七、国有资产管理:财政调控重要的专门领域

财政工作系统为国家各级政府理财,无可推卸地要把国有资产管理纳入财政调控的通盘安排之中。由于国有资产管理具有区别于一般财政收支管理的特殊性,应当把它作为财政调控中的一个重要的、具有相对独立性的专门领域。对社会主义市场经济下如何完善国有资产管理,需要深入研讨、积极探索。

(一) 以往我国国有资产管理中的弊病

改革前传统体制的基本特点是“政企不分”,对企业实行指令性控制。在这种命令经济型的管理系统中,政府的社会管理、宏观经济调控和全民财产所有者代表职能混为一体,将整个国民经济按行政隶属关系“条块分割”。国有资产管理不设专门机构,基本上按行政网络分口管理。企业没有生产经营自主权,其自身相对独立的利益不被承认,缺乏动力(激励)机制;与此对应,企业同时缺乏制约机制,经营可以无盈利目标,企业财务上没有“资产负债表”,对资产不承担保值增值的责任。资产的闲置和浪费现象比比皆是。从理论上说,全民所有制企业(即国有企业)中的资产是全民的资产,但实际生活中“全民所有”却往往“无人负责”,产权悬空虚置,企业中、社会上对国有资产的保值增值无人关心,无法保证。从上到下由于决策失误和经营管理不善造成的

经济效益低下和资产的损失、流失，成了无人承担责任的“糊涂账”。

改革开放以来，“简政放权”的一系列措施改变了传统体制高度集中的局面，企业自主权明显增加。但在实践中一度绕开了产权问题，放权主要是按照原有行政隶属关系控制网络的“行政性分权”，传统体制的症结尚未消除。其中国有资产管理方面的弊病则在新形势、新格局下有种种新的表现，主要是：

首先，企业软预算约束加上短期行为，使国有企业资产保值困难，流失严重。在折旧率偏低、通货膨胀率较高的情况下，并未适时调增企业固定资产原值，资产保值与折旧提取不足的矛盾十分突出，又加上企业往往为完成承包任务多留多分，不按规定足额提取折旧，虚增利润，吃国有资产的老本。此外，企业内部分配向职工个人倾斜，工资奖金侵蚀利润和资产收益，折旧、技改和生产发展基金被大量挪用。某些试行股份制的企业以国有股低息低利、个人股高息高利和保息还本等办法化公为私。

其次，国有资产的经营效益呈递减之势，增值能力迅速衰退。80年代中期以来，国有企业的资金利税率一降再降，1980 年全民所有制独立核算工业企业百元资金创造的税利为 24.8 元，1985 年为 23.8 元，1988 年降为 20.6 元，1990 年再降为 12.4 元。亏损额则显著上升，90年代初期已达年亏损 700 余亿元之巨，亏损面持续高于 1/3。据当时有关部门的抽样调查，如果把发生虚盈实亏的“潜亏”企业计算在内，企业亏损面要接近 70%，亏损额要达到账面亏损额的 2.2 倍以上。

总之，国有资产是社会主义公有制的重要支柱，而国有资产管理方面的问题十分严峻，迫切地要求我们跨越“简政放权”的思路，使改革从根本上触动旧体制的症结，理清政府的社会所有者职能与所有者（代表）职能，并找到两者有所区别的合理的实现途径与方式，寻求克服“产权虚置”、强化产权约束的有效途径。

(二) 国有资产管理体制改革的几项抉择

80 年代中后期,国有资产管理体制改革日益引起各方面的关注。在研究和探索中遇到了若干重大抉择。

1. 将社会管理者职能与所有者职能分开的机构设置

政府的社会管理者职能与所有者职能应当分开,是改革探讨中很快形成的共识,但关于体现职能分离的机构设置方案,探讨中大体提出三种选择。

(1)在国务院——全国人民代表大会层次上分离。国务院作为政权代表,行使社会管理、宏观经济调控职能;成立隶属于全国人民代表大会的国有资产管理委员会,作为所有者代表,行使所有者职能。

(2)在国务院内部的部委层次上分离。在国务院内成立国有资产管理局,作为国务院授权专门行使所有者职能的工作机构;其他各部委局等,作为行使社会管理、宏观调控职能的工作部门。

(3)依照原行政系统网络在各层次上分离。在各省、自治区政府和国务院各专业部中,成立国有资产管理机构,作为行使所有者职能的工作机构;社会管理、宏观调控职能,留归资产管理机构之外的行政系统。

上述三种选择中,第三种最容易实施,没有触动旧式行政系统的基本框架,结果很有可能是徒有分离的形式而难以达到改革的目的,各级政府、各个部门仍然一身二任,混淆不清。第一种选择,分离的程度最高、最彻底,实际上是将财产所有者职能从整个政府系统中分离出去,交给议会系统。但在我国由于多种原因,在可以预见的将来,并不具备可行性。第二种选择的分离程度高于第三种而低于第一种,既利于贯彻实质性的改革内容,又具备较大的可行性,因而是应当首先考虑的选择。

进一步具体考虑，由于财政部是政府收入与支出、经常预算和资本预算的总管，国有资产的形成和再投资过程，都在预算体系中反映，因而财政作为国有资产管理所需的国有资产经营预算的归口部门是适宜的。国有资产管理局可积极发挥相关作用，会同编制。

我国的国有资产管理体制改革，总体上有滞留于第三种选择与第二种选择之间的实时特征，虽然成立了国有资产管理局，但由于原有行政系统的各主管部门不愿移交权力，使之在相当大的程度上“业务悬空”；另一方面，国有资产管理部门也不可能直接面对数以十万计的国有企业、事业单位行使管理职权，如何使之与为数众多的国有企业之间形成合理而有效的管理关系，这就势必要引出下面的第二项抉择。

2. 国有资产管理和经营体系的基本框架

关于国有资产管理和经营体系应按照什么样的基本框架来构建，大体上有两种选择：

（1）按照现存行政系统的多层次方案。即国有资产管理机构依现存行政系统层层设置，相应地在各行政层次上直接面对企业行使管理和经营国有资产的职责。

（2）冲破原行政系统的三层次方案。即在国有资产管理机构和成千上万的国有企业之间构造由若干家企业性质的投资、控股公司组成的中间层次；管理机构与这些公司之间是资产的委托关系；这些公司与企业间是控股、参股关系。管理机构主要负责研究制定政策、法规、制度和实行监督、考评、奖惩等；公司则以资产保值增值为单一目标实施价值调度经营。不仅管理机构不直接控制企业，公司也只是派出股权代表参加企业的董事会，在企业经营的大计方针上施加影响，但不介入企业日常生产经营。

上述第一种选择极有可能滑入旧体制的运行轨道，国有资产管理机构成为翻了牌子的行政主管,仍然维持直接控制或变相直接控制。

第二种选择比较符合实质性深化改革的要求,应当作为我国构建国有资产管理和经营体系的基本选择。虽然有一定难度,但只要在相关的政府职能转变、机构精简和企业机制、市场体系等方面实施配套改革,是具有较大可行性的。已推出的国家投资基金制度、经常预算与资本预算分列的复式预算制度和企业注册资本金制度的提出和实施,以及企业股份制、集团公司股份化的发展,都在不同程度上提供了配套条件或生长点。特别是现代企业制度目标的提出,使公司制与股份制成为各方关注的重心,并引出了如下第三方面的抉择。

3. 国有企业的股份制改组

(1)国有企业能否实行股份制改组?股份制主要特征是使企业中所有权与经营权的分离达到最彻底程度。财产所有权本身分离为法人所有权和股权。企业董事会作为法人代表支配法人资产,持有法人所有权,任命高层经理人员;企业日常经营由这些经理人员(企业家)负责。出资人的终极所有权体现为股权,借此获得资产收益和可转让股权证(股票),但没有直接处置法人资产的权力,只能通过参加股东大会选举董事会,间接作用于企业经营管理。同时,也只以出资额为限承担有限责任。股份制的另一主要特征,是产权商品化、市场化、证券化,资产的流动性极高。反对国有企业走股份制改组之路的意见,主要强调私有化的危险,这是以偏概全的认识。股份制下,公有的股权与私有的股权可以并存,不宜笼统地说股份制是公有性质还是私有性质,关键是看控股权由谁掌握(包括"绝对控股"和"相对控股")。只要控股得法,还可借此用较少的公有资产调动、引导较多的社会资产;同时,通过提高公有资产的运营效率,巩固和壮大公有制为主的社会主义经济。

因此,除了为数不多的具有特殊性质的国有企业之外,大部分原先称为全民所有制的单一国有制企业，是可以、也有必要在建立社会主义市场经济新体制过程中进行股份制改组的，其主要好处是：第一，明确产权关系，促使产权“人格化”，保证资产保值增值目标不再悬空；第二，贯彻两权分离原则，推动企业实现自主经营和公平竞争、优胜劣汰；第三，强化积累和集资功能，推进规模经济，加速经济增长；第四，促使经济资源合理流动，发展企业间的经济联合；第五，更好地培育企业家阶层，提高职工群众的主人翁意识和参与意识。总之，有利于克服体制弊端，提高资产运营效益，保障国有资产权益不再虚置。

（2）全民所有制企业如何进行股份制改组？股份制主要有两种具体形式：股份有限公司和有限责任公司。股份有限公司通过法定程序向社会发行股票筹集资本而组建，全部资本由等额股份构成，股东以其所认购股份对公司负责，公司以全部资产对公司债务负责。有限责任公司则一般不公开发行股票，也不在证券交易所进行股权交易，由各出资人出资，并以其出资额对公司负责，公司以其全部资产对债务负责。

国有企业实行股份制改组，有多种选择，可视不同情况，采取不同的形式。比如：

——国有企业互相参股，改组为不同的国有企业之间合资的有限责任公司；

——国有企业吸收非国有企业投资入股，改组为国有企业与非国有企业合资的有限责任公司；

——国有企业吸收员工投资入股，改组为国家与企业职工合资的有限责任公司；

——国有企业引进外资，改组为中外合资的有限责任公司；

——国有企业吸收某些社会的或民间的基金会投资入股，改组为国有企业与基金会合资的有限责任公司；

——国有企业向社会发行股票，改组为股份有限公司；

今后国家出资新建企业,应通过控股、投资公司按资产经营原则和股份制(有限责任公司或股份有限公司)的一般规则来进行,国家的投资以注册资本金的形式明确产权边界,同时,可以吸收各类非国有的资金进入企业。

总之,经过股份制改组或按股份制规范新建的国有企业,都可以改变"纯而又纯"的单一所有者局面,除公有法人交叉持股外,还可吸收非国有、非公有经济成分和职工、社会公众的股份。上面(高端)层次的投资、控股公司,不应按行政区划而应随经济区域设立,相互间要按统一的市场规则展开竞争,几个公司亦可同时对某一家企业持股,但都不是以行政主管身份,而是以股东身份。

(三) 国有资产管理体制改革的基本思路

我认为,在前述几项抉择的基础上,对于建立适应社会主义市场经济要求的国有资产管理体制,应把握如下改革的基本思路:

1. 以两种职能分离为基点,构建管理体系

将政府的社会管理、宏观调控职能与国有(全民所有)资产所有者代表职能分离,相应建立专门的国有资产管理机构。作为相对独立的机构。它要负责通盘研究制定国有资产管理的政策、法规、制度,牵头协调实施不同类型国有资产的管理体制,并对其授权管理国有资产的单位和委托经营国有资产的公司,监督、考评管理与经营状况,依照法规实行奖励或处罚。国有资产管理机构应仅以国有资产的完整、保值增值为核心目标,政府的其他社会管理、宏观调控目标,由资产管理机构之外的其他机构负责实施。不这样做,国家级的国资委会变成"小国务院",旧体制下国资管理领域存在的问题又会复制出来。

2. 以不同性质国有资产的分类，确定不同管理领域和管理方式

（1）自然资源资产。包括天然形成的土地、水泽、水流、地下水源、矿藏、原始森林、山岭、荒地、草原、滩涂，等等。也包括珍稀野生动植物和未发掘的古化石、古文物等。这类资产在处于未经开发的状态时，即已构成或潜在地构成国家物质财富的内容，但并不呈现价值形态。其中相当大的一部分也是国家整个生态环境的构成因素，对社会经济生活发生某些直接或间接的影响，但并不加入各经济单位经济效益的核算。这类资产一经开发利用，就要改变其性质，或转变为公益型资产（如把自然状态的地下水转变为公益性居民供水系统的水源；又如把荒地建为公共运动场）；或转变为经营型资产（如把自然状态下的矿藏转变为生产经营性的矿山的开采对象；又如把滩涂辟为水产基地）。

对于未开发的自然资源资产的管理，主要涉及对其的护卫（如防止偷伐、偷掘、偷猎）、防范或减轻自然灾害（如预防、监视和及时扑灭森林火灾），以及防治污染等方面的工作。这些工作一般需要由国家财政预算的经常性支出项目提供资金来源。在今后，也有必要开拓和鼓励其他的资金来源，如各种以自然生态保护为宗旨的民间基金会与公众捐助等。

（2）公益型资产。包括为社会成员提供公益性服务的道路、桥梁、隧洞、上下水系统、公共场所照明设备等基础设施和某些公众活动、休息、娱乐场所（如广场）与环境美化设施（如绿地），也包括国立公益性文教、卫生、科研单位的资产和为社会生活正常运转所需要的国家行政管理部门的资产。

这类资产都必须通过制造或修建过程来形成，而它们所提供的公益性服务的性质，决定了它们无法由市场上利润导向的企业行为有效

地形成,必须由政府出面来举办,需要以国家财政的经常性支出提供资金来源。但是,值得重视的是,在现实生活中,公益型资产的公益性程度高低有别,资金运转方式也不同。除了行政管理部门的资产和那些完全不收费的公益设施要百分之百地依靠财政资金之外,不少事业单位和某些可以实行收费服务的基础设施和公用设施,自身都有或大或小的服务收入来源,有的能够借此满足资产维修费用的需要,有的甚至可以收回资产形成时投入的本金。因此,管理方式上应当依据不同情况而区别对待。凡对于服务对象收取一定服务费的资产项目,管理上都可酌情采取抵拨,差额补助等形式来解决资金来源问题。有一些收费过低、不利于资产合理配置和有效运用的项目,有必要将收费标准提高,如政府向一定收入水平以上的居民提供的住宅的租金,就应采取适当措施,逐步提高到能够满足房产维修、复建开支的水平——即使达到了这一水平,资产仍然是不赢利的,因而仍未改变其公益型资产的属性。

当然,如果某些原属公益型资产的资产项目,其资金回收能力超出收回本金的水平仍绰绰有余,并且这种超过了临界点的"质变"在经济意义和社会意义上是合理的(如在某些从事应用性技术研究的科研单位中发生的情况),那么就应当将其划转为经营型资产从而与财政经常性开支脱钩。改革中已经大量触及这类问题,但是仅采取"事业单位企业化管理"形式是不够的,这样仍界限不清,因为"企业化管理"形式可以涵盖较广的范围,包括不少公益型资产。但公益型资产转为经营型资产,则是有严格的性质规定、资金渠道处置程序和特定管理要求的,应当作特别的规范化处理。

(3)经营型资产。包括各种从事商品生产、流通和营利性服务的国有企业中的资产,以及股份企业、合资企业中国家股权所对应的资产。这些资产具有回收并增值本金的功能,在营运中不仅应该保值,而且应该逐步扩展其总量。对这类资产的管理,是国有资产管理中最为复杂的方面。

过去我国国有企业之所以活力不足、资产使用效益不高,固然有众多方面的原因,但国家在资产管理上经营型资产与公益型资产界限不清,无疑是重要原因之一。本来,商品与公共产品有质的不同,资产运动形态上则正好相反,后者需要依靠政府从社会总产品价值中集中一部分剩余产品价值不断提供其资金来源,而前者在营运过程中应该产生出一个剩余产品价值部分。因此,从事商品生产经营的资产,应当是增值型的资产,国有企业的经营型资产,也不能例外。当然,从全社会的角度考察,由于存在经营风险,总是难免会有某些企业发生亏损,但如果建立了较健全的优胜劣汰的资产存量重组机制,在客观上便能防止国民经济中的亏损总规模过大,并鞭策各企业不断追求经济效益的提高,使剩余产品价值源源不断产生。然而,我国过去长时期中国有企业的亏损是固定地由国家,或在事实上是最后由国家动用财政资金予以弥补的。除了有特定调整时期的行政性"关停并转"措施外,不存在规范化的资产存量重组手段。这就意味着在常规的经济运行中取消了劣汰机制,并不断地将相当一部分从事商品生产的经营型资产按提供公共产品的公益型资产处置,混淆了两者界限。

虽然出于价格体系状况等因素的制约和为了实现某些特定的宏观调控目标,亏损补贴手段在我国至少现阶段还不能完全不用,但是应当严格限制在某些特定事项上。同时补贴的总规模宜小不宜大;并且,实行补贴与运用税收、利率等经济杠杆一样(补贴实际是一种负的税收),属于国家一般社会管理职能的范围。专司资产管理职能的机构,不应受理对企业的补贴事宜,而应当把资产保值增值,作为核心的管理目标。划清经营型资产与公益型资产的界限,并严格按照各自的运行规律正确处置,保证经营型资产在社会再生产过程中的完整并按期取得应有的产权收益,是资产管理机构义不容辞的重要责任。其他部门协同资产管理部门,严格控制亏损补贴,建立和健全资产存量重组机制,是提高国有资产使用效益的重要途径。对经营型资产的管理,不宜采取行政主管部门归口的方式,而应冲破旧式“条块分割”行政隶属关系控制的框架。

概括地说,对自然资源型资产和公益型资产的管理方式,属于产权管理机构(国有资产管理机构)向有关行政主管单位授权管理;而对经营型资产,需主要采取产权管理部门对中间层次上的投资、控股公司委托经营的方式。

3. 以企业性投资、控股公司作为经营型国有资产管理体系的中间层次

在国有资产管理机构与国有企业之间,有必要构建一个中间层次,即设立多个作为经济实体、在业务上开展竞争的控股公司和投资公司。这样做,才能有效地防止把资产管理机构建成自上而下全套的行政网络而重蹈政企不分的覆辙。在国有资产管理体系内部,进一步将资产的价值调度经营和日常具体经营与资产管理机构的监督管理分离开来,资产(资本)的价值调度经营放到中间层次,日常的具体经营则放到企业层次。

这些控股公司与投资公司,对上接受资产管理机构委托的资产经营权,同时承担相应的交纳产权收入的责任;对下按照资产增值原则选择资产的直接经营者,将国有资产以国家股份形式投入企业,并根据市场情形和企业经营状况实施控股操作和投资调整,在价值形态上作资产(资本)的调度经营。公司派员以董事监事身份参与企业发展的战略性决策,并按国家统一规范实行必要的财务监督。按统一规范从企业收取的资产分红,公司必须作为国家产权收入上交资产管理机构,进入国家财政预算,而同时亦应按照规范使利润的一部分成为公司的资

产经营收入。

我国仅国有企业便数以万计，经营特点千差万别，在资产管理机构与如此大量的企业之间构建中间层次，是使国有资产管理具有效率和实际可行性的必然选择。中间机构按企业化原则塑造，一可以使之在寻求资产增值的行为中承担经营风险，让动力（激励）机制与约束机制相对称，二可以使之脱离行政隶属关系的单线网络而相互竞争，防止形成垄断局面，从而适应经营型资产的属性和商品经济的规律，履行好资产价值调度经营（控股、投资）的职能。公司的设置不应按行政区划，而应按经济区域或企业群体多头分布，以强有力的法律规范维护公司层次上的公平竞争。在这一体系的形成过程中，与财政的分税制等其他改革措施配合，企业原来的行政隶属关系将被淡化，直至形成企业无行政级别、无特定"婆婆"、不分大小一律公平竞争的新局面。

4. 以"税利分流，资产分红"为经营型国有资产微观运营的基本形式

企业是国有资产的直接经营者，在国有企业实行注册资本金制度、股份制改组和贯彻统一的产权规范的情况下，国家握有国有资产的终极所有权并由国有资产管理机构委托投资、控股公司经营，企业的董事会掌握法人所有权，任命厂长、经理，并授予他们日常经营的权力。由此而形成市场经济和社会化大生产所要求的所有权与经营权的分离，落实企业的商品生产经营者地位与自主权。与上述组织结构框架相配套的政府—企业分配关系和国有资产的微观运营形式，便是"税利分流，资产分红"。其基本要点是：企业作为一般经济实体，依法向政府纳税，并接受国家产业政策、技术政策、收入分配政策的指导与其他经济杠杆的调节和财务通则、会计准则的约束；作为国有资产的直接经营者，则必须按照统一的产权规范上交国有资产带来的税后利润即资产

收益。凡较多占用国有资产的企业,相应要较多地向国家分红;企业要在竞争中取得优势,就要对资产的占用精打细算,努力以较少的投入取得较大的产出;资产分红之后的净收入,由企业自主支配,而企业经营不善造成的经济损失亦由企业自己弥补,直到依法实行破产处理(通过社会保障体系安置失业人员),破产时财产拍卖所得,按股权规范在持股者间分配。

这样,一般的企业都不再维持与特定某一级政府的行政隶属关系,都接受各级政府规范化的税收调节。同时国有的或运用着国有股份的企业,要接受国有股权的经济约束而上交资产收益(至于企业中非国有的股份,自然也要接受相应股权的经济约束),从而形成公平竞争的市场环境,并促使企业权、责、利的结合到位,焕发出充分的活力和保持正常的内在约束。与此同时,政府依靠雄厚的国有资产不断取得稳定的产权收入而用于扩大再生产,可以为国家机器的有效运转、整个宏观调控合理化,提供极为重要的条件。

(四) 财政预算中设立国有资产经营预算的设想

从完善、健全国有资产管理与财政调控的要求看,把国有资产经营预算作为复式预算中一个相对独立的部分列出,是一个很值得探索的设想。

我们已经明确认识到,为使国有企业成为“产权清晰,权责明确,政企分开,管理科学”的法人主体和市场竞争主体,必须理清政府分别凭借政治权力和财产权力所具有的社会管理者与资产所有者两种职能,必须基于资本经营市场规范来构建经营型国有资产的管理体系,那么从技术上说,微观层次上国有企业的资产负债表是绝对必要的,而宏观层次上国有资产的经营预算也是十分必要的。

市场经济中，经营型国有资产管理系统的核心目标应当是资产的保值增值。从总体上政府理财所实施的财政调控的角度，则还应把这种保值增值目标与政府的其他政策目标并行不悖地协调和结合起来。在复式预算中设立相对独立的国有资产经营预算（资本预算），正是为此服务的。

国有资产经营预算的作用，首先是反映经营型国有资产的价值概貌，为国有资产管理的有效实施提供基础条件。没有对于资产价值规模及收益情况的通盘反映和把握，则保值增值目标是否实现，便无从判断与衡量；管理机构及社会公众监督资产完整，总体上也无法落在实处；考虑所谓资产结构的优化、产权代表的人格化、运营方略的正确形成，等等问题，都失去了一个基本的、完整的调控背景。

其次，国有资产经营预算的作用，还在于从全局体现资产经营的基本方略。在这种预算中，应将国有资产的投资、融资情况及其规划、进度，概要地反映出来。制定、实施这一预算的过程，也是设计、安排资产运营通盘战略并付诸实行的过程。

第三，国有资产经营预算的作用，更在于为通盘的宏观调控提供必要的决策依据和操作手段。国有资产保值增值的目标，在专门的资产管理系统内应设定为单一的，但在总揽全局的宏观调控层次上，则必须将其与国家其他政策目标相互协调和有机结合。比如，贯彻国家产业政策，在某一个局部看，可能由于投资的直接经济效益不明显，并不利于资产增值，但从通盘的社会效益、长远的结构优化看，又是必要的、合理的，必须在宏观调控中采取综合的手段（包括多种政策性支持手段），做到既保证产业政策得到贯彻，又不违背国有资产保值增值原则。这种协调与结合，技术上必然体现在国有资产经营预算与国家预算的其他组成部分、与国家政策性投融资安排等方面的相互呼应与衔接上，国有资产经营预算自身，也就成为一种宏观调控的决策依据与实施工具。

20 世纪 90 年代,国有资产经营预算还仅是研究者的一种思路性构想,需紧密结合实际工作情况,将这种构想作较充分的细化和深化,以研究、确认其可行性、可操作性。但完善社会主义市场经济中宏观调控、财政调控和国有资产管理体系的深化改革要求,以及复式预算的技术性基础条件,已逻辑地提供了将国有资产经营预算引入设计及应用探索的前景,财政研究与工作系统对于这方面的责任,是无可回避的。其后的实践中,我国正式实施了国有资本经营预算(资本预算)制度。

八、健全我国的财政调控体系

财政承担着由其一般职能所决定的责无旁贷的调控使命，我国财政还同时承担着由具体历史阶段、国情、发展战略等因素所决定的特定调控使命。为完成这些使命，发挥财政应有作用，必须大力健全财政调控体系和运行机制。

（一）财政调控体系的基本要素

一个调控体系，是各种调控环节、机构、功能的有序集合。财政调控体系作为一个有序集合的大系统，依其中不同基本要素的特征，可分成若干子系统。

1. 信息系统

信息是调控的基础条件，能见度决定能控度，未获得必要的信息，便无从调控。财政调控所需要的信息是多方面的，从宏观到微观，从经济到社会。虽然在严格意义上讲，信息的收集和取得永远不可能是“完全”的，但对那些最主要的信息是否能够掌握，其准确程度、及时程度如何，直接关系到调控的质量。现代高科技的进步，正使信息技术迅猛发展，计算机硬件和应用软件、传输网络、数据处理中心等等，正在不断提高性能和质量。

我国财政信息系统建设，发展中所遇到的问题，虽然有技术方面的，但最主要的却不在于技术，而是所涉及各方面各单位本位利益及工作人员陈旧观念所造成的对信息的人为分割。各个具体业务部门的信息网络，相互间往往是封闭隔绝的，不能形成高效运转的总网或便捷的信息交流渠道。所以极应破除不合理的人为信息壁垒。

2. 咨询系统

咨询是科学决策所不可缺少的另一必要前提。信息中反映的问题错综复杂，涉及社会、经济各个领域，素质再高的决策者或决策集团，也不可能具备同时分析处理这些信息并引出对策所需的多种专门知识与理论素养。为提高决策效率，减少决策失误，必须在构建信息系统的同时，还构建由专门研究机构和多方人才、专家组成的咨询系统，对战略性、全局性、中长期的问题开展深入广泛和专业性的研讨，提出基本思路和可选择方案（预案），供决策者参考。

我国的决策民主化、科学化进程，在改革开放以来已经明显加快，但毕竟受到传统习惯、政治体制现状和干部与专业人才素质等多方面条件的制约，与现代化事业的要求尚有较大差距。财政咨询系统的建设也存在这样的问题，有待改进。

3. 决策系统

决策是调控的中枢行为，决策水平的高低，直接决定调控的结果与成败。一个决策系统，前要统领信息系统和咨询系统（两者合成“决策支持系统”），后要操作执行系统，进而主导和协调整个调控系统。除要做出各种“常规的”决策外，决策系统还要在面临突发事件时处理好应急决策。

我国的国民经济宏观决策水平，改革开放实践中有很大的提高，1993 年以来出现经济过热之后宏观调控“软着陆”的成功，就是最明显的标志。财政决策系统的进步，也值得肯定。但是，面对各发展阶段“振兴财政”、“构建公共财政框架”和“建立现代化财政制度”的艰巨任务和形势发展中出现的一系列新的要求，进一步提高决策水平、健全决策系统，仍是应当极为重视的事项。

4. 执行系统

财政调控的执行系统要具体负责调控决策的落实和落实过程中的操作，换言之，负责财政分配活动中的具体管理和具体业务。除严格按照法规、政策和预算收支计划贯彻执行外，还要及时把情况动态、新出现的问题，以及从基层和操作环节上提出的意见、建议等，及时通过信息系统反馈给决策中心和有关方面，形成大系统中动态控制的完整回路。执行系统工作的程序化、规范化和严密的责任制，是保证其高效运作的必要条件。

我国财政调控的执行系统，目前就实际功能覆盖范围而言，包括从中央到地方的财政、税收、国有资产管理系统的所有业务部门。近年来，这些机构有所加强，工作不断改进，但仍然存在不少问题与某些薄弱环节，需要在今后努力加强业务干部队伍的建设和提高管理水平。

总之，信息、咨询、决策、执行四大子系统有机地构成了财政调控体系，其相互间的基本联系可由下图概括。

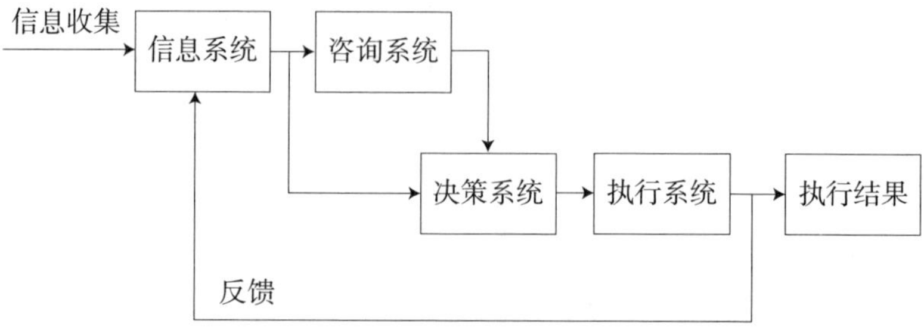

（二）健全财政调控体系所应注重的基础性工作

在我国健全财政调控体系，需要从实际情况出发，注重抓好基础性工作，其中应包括如下一些要点：

——建成统一、高效的统计信息网络。从改进完善收支科目、健全统计核算指标体系和配备必要设备、培训工作人员入手，在已有的各局部网络之上扩展联成总网，并逐步提高网络运转、管理的水平和信息质量。针对现存问题，要特别注意破除各种形式的本位主义信息壁垒，加强总体协调和交流。

——积极建立规范的、制度化的咨询程序。从财政的发展战略、中长期规划、政策设计到某一具体专题的对策思路，都应经过研究咨询机构作较透彻的研讨，并提出研究报告和可选择的思路、方案，报决策中心参考。咨询机构、人员，除包括财政系统内的科研单位和专家之外，还可请社会上高水准的研究机构和专家学者兼任。

——大力提高干部队伍、决策人员的素质。这要求切实抓好财政部门干部队伍的培训和知识更新，加强业务骨干的培养和各级领导班子的建设。另外，也包括提高立法机构（各级人民代表大会）预、决算审议人员的专业水准。

——健全并严格执行预算收支编制、执行、修正的法规、程序和各工作环节上的责任制，并进一步强化财政监察。

概括起来，上述诸方面基础工作，都旨在使整个财政调控系统实现高效、协调的运作管理。

（三）健全财政调控体系需要进一步深化改革

由于管理体制是调控体系的依托，所以深化财政改革对于健全财政调控体系意义十分重大。

针对现行体制中仍存在的问题和社会主义市场经济发展的要求，今后一个阶段，在深化改革方面应当注重如下一些要点：

1. 积极消除目前仍保留的旧体制因素

1994 年以来，以“分税制”为方向的改革虽然取得了重大进展，但在多种制约条件下，仍然保留了某些本应去除的旧体制因素。90 年代财政管理体制中最显著的旧体制因素，是企业所得税仍按行政隶属关系划分，这十分不利于企业实行跨地区、跨行业、跨所有制的联合、兼并和股份制改组；在党的第十五次全国代表大会明确指出公有制实现形式多样化的方向之后，企业所得税划分的现状更加有悖于形势发展的要求，成为深化企业改革突出的阻碍因素之一，必须积极、尽快地消除。在既不可能将企业所得税完全划为国税、也不可能将其完全划为地方税的情况下，看来可行的方案是对其实行中央与地方共享。虽然这会进一步扩大共享税的比重，但“两害相权取其轻”，总比维持行政隶属关系好，而且共享税毕竟比老办法更接近于分税制的原则和国有企业战略性改组的要求。当然，在今后财税体制的总体调整中，要寻找时机逐步缩小共享税部分，使其分解、融合于国税、地方税之中。企业所得税隶属关系控制的消除，事关国有企业战略性改组和整体配套改革的大局，终于在千年之交后按“共享税”方案落地。至于财力划分“基数”中的旧体制痕迹等，也应逐步淡化。在 1994 年分税制改革基本制度成果的基础上深化改革,还将面临如何在省以下真正落实分税制的艰巨任务,涉及一系列中国改革深水区“攻坚克难”的历史考验。

2. 大力实行政府财力收支运作的整合与规范

改革开放前十几年,我国财政的困难似乎积重难返,但稍作深入分析就可知道,困难的症结其实并不在于财力的匮乏。经济发展了,财力一定会有,这是基本原理。我国改革开放带来的经济增长成就举世瞩目,国民经济在强劲发展,怎么会没有钱?问题在于,财力的分配和使用存在着严重的不合理、不规范、低效能。国家预算收入占 GDP 的比重曾不到 11%,而同属政府财力却不在预算中反映的预算外资金,曾相当于预算收入的一半以上,还有五花八门、为数可观的“预算外之外”(简称“外外”)资金。如把三块财力加到一起,整个政府系统财政性质的资金至少要接近 GDP 的 20%。要是再考虑减少税基侵蚀流失等因素,政府财力潜在规模达到或超出 GDP 的 20% 是完全可能的(这里还没有考虑分散管理的社会保障性质的资金)。预算外资金和“外外”资金被各个政府部门分散掌握,其筹集、使用很不规范,随意性大,监督薄弱,容易发生损失浪费,并且成为滋生腐败的土壤,导致苦乐不均、风气不正、效能低下。因此,一言以蔽之,政府系统自身对本属财政性质的资金不能有效实行集中、规范的收支管理,才是财政困难的症结所在。在党的十五大关于“集中财力、振兴国家财政”的方针指导下,须以整合、规范政府财力收支运作作为重点来理顺分配,加强管理,提高政府财力使用效益,达到振兴财政的目的。在 1996 年国务院关于加强预算外资金管理的文件精神基础上,实践中趁热打铁,突破既得利益阻力,进一步扩大“条条”上各类基金在预算内“列收列支”的范围和“块块”上预算外资金专户存储的覆盖面,创造条件将预算外逐渐归并入预算内;“外外”部分也要由暗转明,对小金库全面清理,五花八门的收费等，该取消的一律取消，有必要保留的，应纳入正税和规费渠道。这样做，也是以政府行为的规范化及理财系统的健全化与整体改革配套。这种推进过程，已经到达党的十九大后明确表述的“全口径预算”境界，预算外概念已经在中国完全退出历史舞台。

3. 进一步深化税制改革，加强税收征管

现行税制比之1994年以前有极大的进步，但仍存在一些问题，突出表现在：最主要税种增值税为生产型而非消费型，不利于生产企业、资金密集型企业的发展；实际税负第一、二产业和国有企业重，第三产业和非国有企业轻，第二产业中的上游基础产业重，下游加工产业轻，不利于顺应税源结构性变化调整财政收入结构和贯彻产业政策；内外资企业仍实行两套所得税制，未形成一致的“国民待遇”；税收对高收入阶层的个人收入调节力度不够，落后形势发展；等等。此外，税基侵蚀、税源流失的情况仍相当严重，且惩处不力，据有关部门统计，已查出的偷漏税数额与被罚款数额之比仅为100∶5，甚至低于银行贷款利率水平。针对这些问题，应积极调整、完善，深化税制改革，包括探索未来将生产型增值税改为消费型的可行途径；创造条件，将内外资企业所得税归并；加大对高收入阶层的税收调节力度，积极研究推出房地产税、遗产税、赠予税，以强化社会成员收入再分配；根据经济结构与税源的变化，逐步调整税收收入结构，适当拓宽税基，提高税负的合理性；并且要以多种措施（包括运用现代化计算机网络技术等）加强税收稽征管理，减少税源流失，加大惩戒力度，培养公民纳税意识与习惯，使税收功能发挥到位。

4. 配合行政改革和机构精简，加强支出管理，提高转移支付水平

转变政府职能、提高财政资金使用效益，与行政系统的改革及政府

机构的精简紧密相关。行政改革属于政治体制改革内容,精简机构难度甚大,财政对于这些虽不能起决定作用,但理应积极促进和配合,使决策层下大决心改变各级政府普遍存在的机构臃肿、冗员充斥、人浮于事、因人设事的现象,为提高政府效能和财力使用效益创造重要前提。与此相呼应,要在调整转变政府职能进程中大力加强财政支出管理,积极发展政府采购制度。此外,对各类财政支出的科目和程序要进一步合理化、严密化,积极探索资金拨出后的跟踪问效制度,形成有始有终的责任制。已实行的"过渡期转移支付办法",开始使中央对地方的转移支付走向基于客观情况的"因素法"轨道,但由于多种原因制约,规范化转移支付的规模还很不够,同时在方法上仍需由粗到细逐步完善。在振兴财政配套改革过程中,应当积极提高转移支付水平,加大力度,充分发挥其调节区域差异、维护社会稳定的作用。如果说 1994 年的分税制改革,更多地是侧重于从收入方面搭起一个能与市场经济接轨的框架,那么精简机构、建立政府采购制度和完善政府间转移支付制度,将使我们在支出方面也搭成能与市场经济接轨的框架。

(四) 健全财政调控体系需要进一步开拓理财新方式

中国近 20 年来的改革开放,已使政府职能发生了一系列调整转变,也极大地改变着政府理财的范围、方式和重心。为使财政调控适合市场经济和效益型经济的要求而健全起来,还有必要在改变一些传统理财方式(如对企业经营性亏损实行补贴等)的同时,开拓理财的新领域、新方式。比如:

——积极稳妥发展政策性投融资。西方发达国家在政府理财中,一般不很重视政策性投融资,而在日本等后起的市场经济国家,政策性投融资却发挥了十分重大的作用，成为实施产业政策、优化结构的有力手段和经济起飞的强大助推器。中国在现代化进程中，资本市场的不成熟加上紧迫的发展任务和"赶超"压力，也要求政府积极地运用政策性投融资方式加快经济起飞。这种政策性金融不宜与中央银行调控下的商业性金融混为一体，应当归属于财政提供必要资金后盾的职责范围。我国财政部门过去一向有小额技措贷款和周转金等财政信用形式，但作为一种全局性安排的政策性投融资，却几乎是一个新的课题和工作领域。前些年间，不少地方财政部门自主发展的财政贷款信用形式，如作正确引导，便应引入政策性投融资轨道。几年前国家专门成立的三家政策性银行，由于均放在财政体外，不能理顺职能与关系，所以很快便出现其政策性目标与资金保全两个基本要求无法兼顾的困境。今后应把政策性投融资定位于财政调控体系之内，逐步理顺机构与工作关系，借鉴国际经验，结合我国实际，积极稳妥地探索中国政策性投融资发展之路，把贴息手段作为重要杠杆，以较少量的政府财力调动大量的社会资金按国家产业政策运作，达到"四两拨千斤"的效果；并严格实行项目的科学决策制度和多重审计监督制度，以最大限度地防止此中可能发生的"设租寻租"行为。政策性投融资资金收支应纳入财政预算体系，统筹协调运用，加强管理。

——大力推行政府采购制度。关于政府对物品与劳务的采购支出如何形成合理而明晰的制度规范，西方发达市场经济国家已作了多年探索，形成所谓"政府采购制度"，即政府以公开招标竞价为主要方式实行统一采购的一整套规范，及其在机构、运作等方面的严密安排，值得我国借鉴。今后应当把推行政府采购制度作为加强财政管理、改进支出方式的重大举措，大至成套的固定资产和办公设备，小至批量化的一般办公用品，都尽可能通过规范、透明、公平的招标竞价制度来采购，使政府"公共物品"的消费与市场竞争性的供给合理衔接，达到三个方面的进展:第一是在市场化导向中提高财政资金的使用效益,通过招标竞价促成那些最具竞争力的厂家对政府“薄利多销”,提供价廉、物美、质高的商品和劳务,从而降低行政成本,少花钱多办事,挖掘巨大的资金效益潜力。第二是在法制化导向中加强政府系统的廉政建设,依托于法制提高政府采购过程的透明度和严密性,从而减少产生“权钱交易”等腐败行径的土壤和因工作人员暗中“吃回扣”引致的政府财力误配置。第三是在科学化导向中提高政府的调控管理水平,通过统一的政府采购,有意识地贯彻在总量调整、结构优化、稳定物价乃至环境保护、社会福利等方面的政府政策意图,从而发展、健全适应市场经济要求的间接调控手段,提高政府理财与宏观管理的科学性。

——努力健全社会保障基金管理的制度和体系。社会保障制度是市场经济的“减震器”和“安全网”,其改革是我国整体改革中极其重要的配套事项。社会保障(特别是其中的基本社会保障部分)就其本质内容而言属于收入再分配的“公共产品”,理应由政府理财部门牵头管理或全面监督,基本社保基金应当由财政部门对其制度规范和运作管理负总责。这也是今后财政部门应当努力开拓和健全的理财新领域、新方式。我国不断探索社会保障制度改革,但基本社保基金仍然由不同部门分头管理,政出多门,协调困难,形成“五龙治水”的局面和“非旱即涝”的风险,基金使用中的误配置、浪费损失已不断发生,极有必要加强制度规范,实行严格、科学的管理。应积极研讨开征社会保障税的前景和可行性,并将基本社保基金收支纳入财政预算体系,作为复式预算的一个相对独立的组成部分。从我国国情出发,还要特别重视个人账户的设计和作用,对社会统筹账户和个人账户作全面协调、合理安排。

结　语

从财政基础理论的探讨到财政职能作用与调控的剖析、阐述，可以被看作是沿着某种特定逻辑关系展开财政学体系的尝试。财政学首先要从现象入手研究财政分配关系，只有这种关于财政本质内容的研究，方能为认识财政职能作用、讨论财政政策设计、制度安排，乃至指导财政部门业务工作，等等，提供坚实的理论基础和依据。财政调控，说到底，是财政分配本质规定性的展开和在现象形态层次上加入分配主体能动性后的综合效应。

可以一般地认为，财政学是经济学的一个门类。但不能否认，虽然财政分配植根于经济，财政分配的作用领域决不仅仅是经济方面的，必然也是政治的和社会综合的；而且财政分配活动的主体必然由政治权力中心充当。所以财政学也可以被看作是一种横跨经济学和政治学等学科的边缘科学。在现代社会中，财政学按其功能理所当然是一种“治国之学”，是国家（政府）理财所必修之学。

我的这本书，试图在财政基础理论方面对“国家分配论”的主线加以继承、发挥和拓展，走到“社会集中分配论”，同时对其他流派理论的各种合理因素兼收并蓄，进而对财政职能作用及运作原理再作梳理，并结合我国现实，特别是“两个转变”历史阶段的使命和现实制约条件，勾画财政调控的主要方面。

写到这里，自忖任何“自我评论”都是多余的，还是让“作品本身”说话，我将继续思考，并诚恳接受各方教益，以求充实。

是为结语。

参 考 文 献

马克思:《资本论》,人民出版社 1975 年
《马克思恩格斯选集》,人民出版社 1972 年
《列宁全集》,人民出版社 1959 年
斯大林:《辩证唯物主义与历史唯物主义》,《列宁主义问题》,外国文书局出版局,莫斯科,1950 年
《毛泽东选集》四卷合订本,人民出版社 1966 年
《马克思主义经典作家论资本主义以前诸社会形态》,中华书局 1959 年
《马克思恩格斯列宁斯大林毛泽东关于财政与财务的论述》,东北财经大学出版社 1988 年
《毛泽东论财政》,中国财政经济出版社 1958 年
《邓小平文选》,人民出版社 1994 年
《陈云同志文稿选编(1956—1962)》,人民出版社 1980 年
许毅、陈宝森主编:《财政学》,中国财政经济出版社 1984 年
邓子基:《社会主义财政理论若干问题》,中国财政经济出版社 1984 年
何盛明、梁尚敏主编:《财政学》,中国财政经济出版社 1987 年
何振一:《理论财政学》,中国财政经济出版社 1987 年
王绍飞:《改革财政学》,中国财政经济出版社 1989 年
陈共:《财政理论与财政改革》,东北财经大学出版社 1995 年
许廷星主编:《社会主义财政学》,四川教育出版社 1987 年
胡乐亭主编:《财政学》,山东人民出版社 1995 年
王琢、黄菊波:《国力论》,中国财政经济出版社 1981 年
叶振鹏:《财政理论与实践研究》,中国财政经济出版社 1992 年
方晓丘主编:《财政调节概论》,中国财政经济出版社 1992 年
王诚尧:《国家税收》,中国财政经济出版社 1997 年
张馨:《比较财政学教程》,中国人民大学出版社 1997 年
蒋洪等:《财政学教程》,上海三联书店 1996 年

余天心、贾康、刘尚希主编:《边缘财政考察》,中国财政经济出版社 1995 年
姜维壮主编:《当代财政学主要论点》,中国财政经济出版社 1987 年
黄达:《财政信贷综合平衡导论》,中国金融出版社 1984 年
坂入长太郎:《欧美财政思想史》,中国财政经济出版社 1987 年
凯恩斯:《就业、利息和货币通论》,Harvest/HBJ 英文版 1964 年
马斯格雷夫:《美国财政理论与实践》,中国财政经济出版社 1987 年
罗森:《财政学》,中国财政经济出版社 1992 年
埃克斯坦:《公共财政学》,中国财政经济出版社 1983 年
布坎南:《公共财政》,中国财政经济出版社 1991 年
阿特金森、斯蒂格里茨:《公共经济学》,上海三联书店 1994 年
萨缪尔森:《经济学》,商务印书馆 1981 年
王传伦、高培勇:《当代西方财政经济理论》,商务印书馆 1995 年
曹立瀛:《西方财政理论与政策》,中国财政经济出版社 1995 年
平新乔:《财政原理与比较财政制度》,上海三联书店 1995 年
舍尔麦涅夫:《苏联财政》,中国财政经济出版社 1980 年
樊纲:《现代三大经济理论体系的比较与综合》,上海三联书店 1990 年
吴才麟:《史前经济与财政起源》,中国财政经济出版社 1990 年
《顾准文集》,贵州人民出版社 1994 年
梅洛蒂:《马克思与第三世界》,商务印书馆 1981 年
黄仁宇作品系列:《中国大历史》《资本主义与二十一世纪》等,生活 · 读书 · 新知三联书店 1997 年
《财政本质论文集》,中国财政经济出版社 1984 年
《新帕尔格雷夫经济学大辞典》,经济科学出版社 1996 年
《变革中的政府》(世界银行 1997 年世界发展报告),中国财政经济出版社 1997 年
张培刚主编:《新发展经济学》,河南人民出版社 1992 年
叶振鹏、张馨:《双元结构财政——中国财政模式研究》,经济科学出版社 1995 年
袁振宇:《财政赤字研究》,中国财政经济出版社 1991 年
贾康:《我国财政平衡政策的历史考察》,《中国社会科学》1993 年第 2 期
财政部财政科学研究所编:《现实财经重大问题的思考》,经济科学出版社 1996 年
财政部财政科学研究所《研究报告》(1990—1997 年)
历年《财政研究》
历年《财政研究资料》
历年《经济研究参考》

后　记

这部基于博士论文的书,凝结了我多年学习和思考的积累——所有错误和不成熟、不全面之处当然由我负责,但其中如有可取之处,却决非我一人之功力可及。

我首先要感谢我的导师何盛明教授。是他鼓励和支持我在工作十分繁忙的情况下,下决心进行较系统的在职博士生学习,又以他高屋建瓴的大思路教诲我打开眼界而又紧紧把握住财政学这一“治国之学”的主线,并对论文的具体内容悉心指导。

我还要感谢在财政学这一学术领域耕耘的那些思想先驱、前辈学者和我的同事们。他们的智慧和成果如日月之光,照耀着我探索的途程。不论对他们的具体观点和方法我是否论及和做出何种评论,这些都首先是对我研究与思考的营养与启发。

我也要感谢我的家人。在紧张的工作、写作过程中,我对于为子、为夫、为父的责任,确呈种种心有余而力不足的窘况。没有他们的理解与支持,将大大增加我写作的难度。

做学问的甘苦,如鱼在水,冷暖自知,不足为外人道——但关于做学问的“指导思想”,我愿意在此一披襟怀:写一部博士论文或一部专著并不是目的;这是探索之途上的一小步,是争取为人类学术之海中加一滴水。我深信,一切人生的虚荣浮华都是过眼烟云,而真正的学术和真知灼见,才能垂诸久远。

贾　康

1998 年 4 月

代跋

七十年中国财政学科发展的回顾与展望

学科建设发展是一国社会发展的重要组成部分。在迎接中华人民共和国成立70周年之际,特应邀对新中国财政学科建设作简要的回顾、点评与展望。

一、回顾:中国财政学科建设发展的基本轨迹与建树

财政学可认为是随经济学而产生,又在相对独立地成为经济学分支后发展为具有多学科(经济学、政治学、社会学等)综合特征的一个专门学科。新中国成立后,财政学理论研究和以“理论联系实际”为取向的政策、管理层面的研讨工作,取得了值得肯定的成果。从财政学基础理论层面来看,对中国学者的努力与主要成果表现,可以大略分为三个阶段来概括总结:

1. 从新中国成立之初到20世纪60年代。新中国成立初期是一批各高等院校为主的财政学者,以致力于财政学科研究来拥抱国家“站起来”的新时代,以后又有以毛泽东为代表的国家领导人对财政研究高度重视之下的财政部财政科学研究所等研究机构的举办和机构型研究群体的兴起。一度形成“主流学派”影响的“国家分配论”,酝酿发展于50年代,而在1964年于大连举办的第一次全国财政理论讨论会上其地位方得以确立。与“国家分配论”争鸣的还有多个流派,一起形成

了中国学者在财政基础理论研究中“财政本质”命题上“百花齐放”的局面。与财政相关的社会主义建设发展规律与实践经验总结、政策优化等方面的探讨,也初步展开。

2. 经历“文化大革命”的“十年浩劫”后,改革开放新时期,从 20 世纪 70 年代末至“千年之交”。这一阶段的中国教育、科研事业蓬勃发展,出现了财政学科“理论联系实际”开展多方参加、多种形式研讨活动的活跃局面与一系列认识进步。相关部门、院校、机构、社会团体的广泛交流,对国外财政经济理论与政策研究成果和实践经验的学习借鉴,面对中国现实生活中改革、发展、稳定的迫切需要而形成老中青三代研究者的共同努力,交织为中国财政学科建设新一轮蓬勃发展的图景。基础理论层面,继续出现了不同流派的争鸣。在“国家分配论”“共同需要论”“剩余价值分配论”和“再生产前提论”等各有认识贡献的基础上,我提出的“社会集中分配论”,力求把国家产生之前、之后与未来前景在理论框架中打通,在财政基础理论认识上集大成。另外,我与合作者在“权益-伦理型公共产品”“财政三元悖论”等方面,提出了原创性的学理认识。实际生活层面,90 年代后期,决策层明确了向公共财政框架转型的大方向后,又有关于“公共财政”“双元财政”“民生财政”等财政运行机制及制度转轨层面重大问题的热议。1994 年里程碑式的“分税制改革”由“行政性分权”转入“经济性分权”前后,关于以中国财政制度变革服务于全局现代化经济社会转轨的广泛研讨,以及关于财政管理与调控服务于社会主义市场经济的诸多话题的持续研讨,都对于改革开放、创新发展中的科学决策、政策优化,形成了智力支持,也极大地促进和充实了中国财政学科建设及相关人才队伍建设。

3. 千年之交之后。这一阶段,中国财政基础理论层面的研讨曾一度降温,经济社会“黄金发展期”带来的令人应接不暇的发展机遇以及随之而来的“矛盾凸显期”形成的一系列挑战性现实问题,使财政研究人员的注意力更多地投入新视角、新结合点的研究，更多地关注和接受多方面现实课题型研究任务。但自党的十八届三中全会明确表述“财政是国家治理的基础和重要支柱”，提出要构建“现代财政制度”之后，结合“现代国家治理”中心命题的财政基础理论研究，又趋于活跃。继“财政全域国家治理”认识框架和“财政处理公共风险”认识框架之后，还有多种新的核心概念于近年不断提出，预示着中国财政基础理论和学科建设领域，有望迎来新一轮“百家争鸣”活跃局面。

如作简要小结，可知中华人民共和国成立70年来，中国财政学者的研究努力，对于中国现代化之路上历经“站起来”“富起来”时代而迈入“强起来”新时代的进步过程，做出了学理领域特定方面的智力支持，并形成了中国本土财政学研究者对于人类思想库中“财政学科”的特定贡献。特别是在“财政本质”命题下的财政学基础理论层面，中国学者群体的思想贡献成果独树一帜，是值得大书一笔的财政学科理论结晶，实际上已是具有世界级专业成果分量的学术建树。

二、中国财政学科发展建设中的主要问题

在肯定成绩的同时，还应指出中国财政学科建设所存在的问题。对于这些问题，有必要放在人类社会学术界的全景视界内，对标学科的严谨性、建设性要求，来形成相关认识。我认为，可着重指出如下诸点：

1. 在70年间，中国财政学者关于财政本质等财政基础理论开展了深入思考与几轮热烈研讨，但很遗憾地未能对接国际学术交流活动。以中文写作而成的相关文献，也鲜有外文译本，未能开展相关专题的国际研讨会议、论坛等活动。

2. 中国财政研究领域在“千年之交”后的总体氛围，受到了社会上“市场拜金潮”“物欲浮躁症”的一定影响，不少年富力强的学者的注意

力，更多转向非基础理论层面、亦非调研型学术工作中，有急功近利“书斋式”推演完成财政研究成果的倾向，使财政理论研究在基础理论领域一度萧条、降温。同时，也很少有扎实而深入持续的调研工作成果。财政学界似有新生代“学术带头人”培养不力之忧。

3. 近年中国财政基础理论研讨中新起的一些“标新立异”之作，往往伴随浮躁特征，甚至不做以往理论前沿成果的梳理，对前人或同时代人已提出的流派观点视而不见，却急于“为新而新”“自立门派”。当下学术文献搜索、收集的便利程度，与几十年前相比，已经不可同日而语，但常见某一位提出新论者，似乎愿意跳过对以往前沿成果的搜集与梳理，直接进入自拉自唱环节，违背了学术严谨性的基本要领，无法形成中肯、深入的理论切磋，自难提供站得住、有分量的创新成果（研究者完全可以不同意已有的流派观点，但相关的梳理、点评乃至批判，却是自主新说的必要铺垫，也是从事学术研究的方法论常识）。

4. 由于多种主客观原因，中国不少财政理论研究工作者的“过多思想束缚”仍然明显存在，“不唯上，不唯书，只唯实”的学者风范，于近些年未见充分弘扬反有消退趋势，某些“精致利己主义者”式的考量和繁文缛节式的顾虑与学界、出版界的条条框框，一定程度上产生了对学科建设健康发展的不良作用。

三、中国财政学科发展的展望

中国的现代化是认清人类文明发展主潮流而基于中国国情等约束条件，“守正出奇”，大踏步跟上时代的创新发展过程。中国财政理论研究在学科建设意义上的进步与发展，必须服务、融汇于中国现代化的整体推进。就财政学科发展而言，在此可作如下几点展望与希冀：

1. 要与吸收人类文明一切积极成果的中国特色社会科学、中国特色社会主义政治经济学等的发展相呼应、相融合，使财政理论研究密切联系实践，积极回应实际生活的诉求，鼓励、调动研究者成员队伍的内在学术兴趣与创新积极性，以博大胸怀“站在前人的肩膀上”，于基础理论层面和政策学说层面继续做出持之以恒的研究努力。要积极开展“全球化”背景下的中外学术交流，弥补既往国际交流的短板，使“中国的也是世界的，世界的促进中国的”这种学术互动，为人类社会财政学与社会科学的理论大厦添砖加瓦，既助益于中国的现代化，也助益于全球打造“人类命运共同体”。

2. 在中国改革的深水区如何完成经济社会的制度建设转轨，国人实际上面临着历史性的考验：中国的财政学发展，需要与主流经济学理论、政治学理论等的发展一起，更多地与制度经济学、转轨经济学、发展经济学以及中国本土已具雏形的新供给经济学、新结构经济学等的发展形成良性互动，以基础理论的深化研究及其高水平的严谨性、创新性成果，表达财政学研究者的社会关切与社会责任，以智力成果支持社会变革、政府决策、政策设计、管理绩效等的动态优化。

3. 中国财政学科发展应具备和终将具备的包容性与开阔性特点，还应体现在对于财政学已有的综合性、跨界跨学科特征，在未来要进一步向两个方面拓展：对内，应更好地把中国财政史、财政思想史、中国古代文明成果中理财、公共事务方面的所有积极思想遗产都熔于一炉；对外，应合理地对国外更多先行取得长足进展的公共伦理学说、社会组织及公共部门学说、行为科学、心理科学等的思想与学理成果借鉴吸纳，并充分打通加以融汇。中国财政学科的包容性、创新性发展，当然要立足于全球化背景下“首先把中国自己的事情做好”的功能定位，但只要是严谨而科学地推进了这种“立足本土、胸怀世界”的学科建设，则会必然地归宿于“东海西海心理攸同，南学北学道术未裂”的世界性意义与贡献。

4. 中国财政学科健康发展的愿景之实现，离不开老中青研究人员的共同努力和对新生代学术人才成长的有效激励与合理培育。需要在中国社会难以避免的矛盾凸显、国际国内难以预料的风云变幻中，力求遵循科研规律而构造有利于学术发展进步的制度条件与社会环境。基于中国教育、科研体制攻坚克难的改革，才有望有效破解人才培育的“钱学森之问”。应力戒学术浮躁，克服社会上拜金氛围和追名逐利短期行为的不良影响，引导和鼓励进一步“思想解放、严谨慎思、刻苦深思、深入实际”导向下的“百花齐放，百家争鸣”，以期不断形成无愧于时代、无愧于财政学人社会责任、历史使命的高水平学科建设成果。以基层调研、社会调查和政策研讨的基本功、“真本事”形成对接“可操作”的认识建议，与以基础理论层面“十年磨一剑”式的坐冷板凳下苦功夫而终有所成，这两大方面虽不一定能集于某个研究者或研究团队之一身，但对于中国财政学科建设，总体而言都是不可或缺的，也是应当由中国有志气、有抱负的财政学人群体相互促进、共同努力来实现的。